学ぶ権利と学習する権利

人格主義の国民教育権論

中谷　彪　著

晃洋書房

まえがき

「人格主義」の立場から「国民の教育権論」に関する一書を上梓したいというのが、筆者の長年の願いであった。ここに、『学ぶ権利と学習する権利――人格主義の国民教育権論――』としてやっと書き終えた次第である。「学ぶ権利」としたのは、1つには、先行する「学習する権利（学習権）」（堀尾輝久説）、「学習をする権利」（学テ最高裁大法廷判決）と区別するためであるが、2つには、それらとは別の概念であることを示すためである。

顧みて筆者は、教員養成系の大学への就職を契機として、いろいろなテーマに関心をもち、エネルギーと時間を研究に投入してきた。例えば、アメリカ教育行政思想研究、塩尻公明の思想研究、旧制高知高校で恩師塩尻を慕った戦没学徒・木村久夫の研究、教育時事問題の研究、及び数冊のアメリカ教育行政・教育史の翻訳等々である。それにしても、何ら価値ある仕事を残し得なかったことについては、忸怩たる思いである。これまでの研究生活については反省しきりであるが、幸いなことは、人間と社会に対する関心と研究に対する情熱とは、まったく衰えてしまったとは思えないことである。これからも、可能な限り、研究を進めていきたいと考えている。

本書は、久しぶりに教育権をテーマとして書き下ろしたものである。このテーマを論じるにあたって、是非とも検証しておかなければならなかったことは、このテーマのふたりの先達、教育権論を提起した恩師の故・宗像誠也と「学習する権利」論のリーダー堀尾輝久の教育権理論であった。本書では、その先達に対して生意気なことを書いたが、筆者の本意は、ふたりが提唱した教育権理論の真髄を継承発展させたいというところにあった。本書がそれをなしえたなどと言っているのではない。そのための火をつける一歩になれば望外の喜びであると願うだけである。

学力テスト最高裁大法廷判決（1976年5月）からほぼ半世紀を迎えるが、その間の日本の教育と教育政策は、国民の教育権論者たちが期待したように、また、同判決が求めたように、公権力の行使を「できるだけ抑制的」に行使してきたと言えるであろうか。教育基本法の全面的改正は教育を改善したであろうか。教科書検定制度は改善されたであろうか。教師の勤務条件は改善されたであろうか。子どもたちの持って生まれた才能や能力が本当の意味で伸長されてきているであろうか。子どもたちは価値高い生き方をすべく「学ぶ権利」を享受してきているであろうか。教育の機会均等は尊重され実現されようとしてきているであろうか。教育格差は解消に向かって改善されようとしているであろうか。

日本の教育行政の実態は「できるだけ抑制的」であるどころか、強権的暴走である。今こそ改めて、何を目標として学ぶのか、何のための「学ぶ権利」なのかが問われなければならないと考える。

筆者は塩尻公明流の「人格主義」の視点から、真の「人格の完成」への「学ぶ権利」のあり方について若干の提言を試みた。賢明なる読者からの忌憚のないご批判とご意見とをいただければ幸いである。

2022年10月29日

中谷　彪

目次

第1章 「人格主義」と「学ぶ権利」

1 教育の定義から考える

(1) 教育の定義と教育の科学

「教育学」の研究は、普通、「教育」の定義の説明から始まる。この様式は、おそらく他の分野（例えば、心理学、政治学、社会学、美学、文学、物理学……）の研究でも同じであると思われる。教育の場合、「教育の定義」をするにあたっていくつか注意すべき点が考えられる。

その1は、事実（de facto）と規範（de jure）とを混同してはいけないということである。[1]事実とは、教育の事実（実態）はどうであるかを認識することであり、規範とは、教育のあるべき姿をどう描くかということである。両者を意識しないことは、または両者を混同することは、科学としての教育学とはならないと考えられる。

その2は、事実についての留意点である。教育の事実認識のためには、対象とする教育の事象（事実・実態）をできるだけ多数、できるだけ長い期間、科学的・客観的に分析することが求められる。これらの分析作業を通して、教育事象の一般性、法則性を導き出すことである。いわゆる教育観、人間観をもつこと、と言えようか。

例えば、教育史の研究の場合、多角的な視点から教育の史実を観察し分析して、その特色を一般化、法則化する。教育の史実を可能な限り長い期間に、広く、深く分析し考究することが望ましいことは明らかであるが、対象は余りにも巨大である。研究の焦点を絞り、対象をそこまでは行けなくとも、できるだけ、それに近づけることが望ましい。そして、教育事象の一般性、法則性を明らかにすることである。

その3は、規範についての留意点である。教育事象の一般性、法則性を導き得たとして、その結果をどう受け取るべきか、どう考えるべきか、どう改善すべきかを示すことが必要である。具体的に、教育のあるべき姿、その教育目的を実現するための方法論を示すことである。このためには、研究者は、教育の志向性、方向性を示す独自の教育哲学（道徳哲学）を持たなければならないと考える。教育活動とは、目的を目指して営まれる活動であるからである。

その4は、定義は一文（シングル・センテンス）で表現することが望ましいということである。これは、定義は、〝要を得ているならば、短ければ短い方がよい〟、また、〝一文にならないのがよい〟、という意味である。

以上のことを踏まえながら、筆者の考える「定義」を提示して検討していくことにしたい。

（2） 教育の定義と教育理論

学生たちに「教育とは何か」と問うと、大体、①「教え育てることである」とか、②「人間の持っている諸能力を引き出すことである」という答えが返ってきたものである。

①は、漢字の「教」と「育」から、「教えること」と「育てること」の活動を連結させた意味であった。やや進んだ説明として、「教」を教師の「教授活動」、「育」を子どもが学習して「育つこと」と捉えるというものであった。②は、外へ引き出すという意味の英語のeducationから、「子どもがうちに持っている諸能力を引き出す」活動であるとする回答である。彼らの回答は、間違いではないが、正解とも言えない。その理由については、以下で明らかにしていくことにしよう。

筆者自身は、一応、「教育」の定義をつぎのように考えている。

「教育とは、ある一定の目的に向かって、計画的・意識的に人間の成長と発達を図っていく営みである。」

一応と断ったのは、現時点では、この定義が教育の営みを最も簡潔かつ的確に表現し得ているのではないかと考えているからである。

この定義で重要な箇所は、①「ある一定の目的」、②「計画的・意識的に」、③「人間の成長と発達を図る」）である。教育の定義では、①、②、③のどれを欠いてもいけないと考えるからである。そう考える理由を以下に説明していくことにする。

①の「ある一定の目的」とは、教育という営為はある目的を目指して行われるということである。目的のない教育的活動というものはないからである。教育的活動は、目的を目指して行われるものであるからである。また、ある教育活動の目的が確立されれば、その後の文言の意味は自《おの》ずから明らかになると考える。それほど「ある一定の目的」の占める意味は大きい[2]。

ところで、教育的営為における「ある一定の目的」というのは、「理想とする人間像をどう設定するか」または「育成する人間像をどのように考えるか」と考えてよい。

これは後に詳しく述べる予定であるが、ここで私見を述べれば、人生最高の目的は「人間らしい人」または「人格の完成した人間」になりたいということである。それゆえに、「人格の完成した人間になること」が「私の幸福」であり、そういう意味での「幸福を追求すること」が「私の人生」である。[3] したがって、筆者の設定する「教育の目的」は、人生の目的と同じく、人格主義の意味における「人格の完成」である（この表現は、たまたま教育基本法の「人格の完成」と同じであるが、それとは別の次元の用語である）。

この（価値的）立場から先の定義を考えると、過去と現在と未来の教育が「いかなる理想的人間像の形成を目的としてきたか、しているか、しょうとしているか」を判断することになる。つまり筆者の場合、その教育（的営為や事象）を科学的・客観的に分析して得た結果によって、その教育が望ましかったか否かを判断することになるのである。

身近な例をあげて考えてみよう。例えば、戦前日本の教育が目指した人間像は、教育勅語的人間（天皇とその国家に滅私奉公する人間）の育成であった。ナチズム教育が目ざした人間像は、ナチズムの奉仕する人間の育成であった。ファシズム教育が目ざした人間像はファシズムに忠実な人間の育成であった。昔も今も、共産主義政府の教育が目ざす人間像は共産主義的人間の育成であり、社会主義政府の教育が目ざす教育は社会主義的人間の育成である。その教育が望ましいものであったかどうかの判断は、その教育が目ざした人間像とその教育方法とを科学的に分析することによって初めて下すことができるのである。

筆者の評価を言えば、戦前日本の教育、ナチズムの教育、ファシズムの教育は「悪い教育」「許されざる教育」「非人間的な教育」「間違った教育」であったということである。それでは、現在日本の教育はどうか。私見を述べれば、「理想にほど遠い教育である」に尽きる。しかし、どの時代の教育も、教育であったし、教育なのである。

そう考えてくると、宗像誠也の「教育とは人間の尊さを打ち立てることである[4]」という定義や、堀尾輝久の「教育は、子どもの学習の権利を、充足させ、諸能力を開花させる意図的いとなみである[5]」という定義は、教育を美化していて、必ずしも過去と現在の教育事象を正しく説明したものとは言えない。筆者は、過去と現在の教育は、教育という名において「人間の尊さ」の確立も、「子どもの学習権」の保障もしてこなかったし、今もしていない、と考えるからである。むしろ、これまでの日本の教育は、2人の教育の定義とは真逆のことを行ってきたのではなかろうかと考えている。私見では、2人は教育の定義において、「デ・ファクト」と「デ・ジュレ」を混同しているのではないかと思う。「教育の目的」が定まると、②と③の説明は、比較的に簡単である。「教育の目的」を達成するために見合った②と③が組織されるからである。

②の「計画的・意識的に」とは、教育という営為は「計画的・意識的または意図的に」行われるものであるという意味である。これは、教育制度でいえば学校制度・社会教育制度・教科書制度などにおいて、また、教育方法・教育実践活動でいえば、授業（教授＝学習過程）、学習指導、生徒指導（生活指導）などにおいて、計画性、意図性がある、という意味である。この計画性は、一般的には、学校教育においては6・3・3・4制、学期制等であり、家庭教育においては、擬声語のワンワンから犬、ピヨピヨからヒヨコ（鶏）への呼び名の移行等であり、内容的には簡単な漢字から複雑な漢字へ、足算、引算、掛算、分数へ、または、易しい問いから難しい問いへという順序を踏んで行われる、という具合である。意識的または意図的にとは、意識しながら、意図しながら目的に方向づけるというこ

とである。

その他の詳細も論じるべきであろうが、ここでとどめておく。

ここでも①で指摘したように、私たちは、その「計画的・意識的に」の内実を科学的に分析検証することによって、その良し悪しを判断することができるのである。
③の「人間の成長と発達を図っていく」というのは、子どもの精神的な発達と肉体的な成長とを図っていくということである。「心身の発達と成長」または「知・徳・体の伸長」を図っていくということである。
ここでも①で指摘したように、私たちは、その「人間の成長と発達を図っていく」という営みが教育の場で円滑に遂行されているかどうかを科学的に分析検証することによって、その良し悪しを判断することができるのである。

以上のように、①、②、③を通して、私たちは、過去と現在の教育事象を客観的かつ科学的に分析し検証することを通して、初めてその教育の目的と教育活動の良し悪しを判断することができるのであり、また、しなければならないのである。筆者は、科学・学問としての教育学とはこういうものであると考える。

2　「教育の目的」としての「人格の完成」
——「学ぶ権利」の充足を通して「人格の完成」へ

（1）　人間は生理的早産として生まれる

スイスの動物学者A・ポルトマン（Adolf Portmann, 1897–1982）は、いろいろな動物の赤ん坊を調べてつぎのように言っている。

「人間は生後1歳になって、真の哺乳類が生まれた時に実現している発育状態に、やっとたどりつく。そうだとすると、この人間がほかの哺乳類なみに発達するには、われわれ人間の妊娠期間が現在よりもおよそ1ヵ年のばされて、約21ヶ月になるはずだろう。(6)」

つまりポルトマンは、人間ほど未熟な脳を持って生まれてくる動物はいない、人間は「生理的早産」として生まれる、と言っているのである。従来、この生まれてくる赤ん坊の脳がきわめて未熟であるということ、また人間が生理的早産であるというところから、子どもには保育と教育が必要であること、そしてその保育と教育の責任を果たしていくことが親、教師、地域社会、国家に求められると理解されてきたと思われる。筆者は、そうした理解は必ずしも間違っていないと考えるが、しかし今日、生まれる子どもの側に立って一連の関係を再考してみるならば、つぎのように言い換えることができるのではなかろうか。

子どもが「生理的早産」として生まれてくるということは、子どもは動物的にはハンディキャップと考えられる「生理的早産」をも克服して生きる権利、成長し発達する権利、学ぶ権利を運命的に有しているということ、それどころか、子ども自身がもって生まれてきた諸能力を開花させるのみならず、成長し発達していく過程で学んで獲得した諸能力をも伸長して、人間の至高の目的である「人格の完成」（人間の諸能力の全面的発達）をめざす権利を有している。人間とはそういう能力と権利とを具備した存在としてこの世に誕生するのだ、と。

子どもは、尊厳なる存在としてこの世に誕生し、学習を通してその能力を開花させていくのである。(7)

(2) 子どもは学習して成長・発達する

赤ちゃんにとって、お乳を飲むこと、泣くこと、笑うこと、這うこと、立つこと、歩くこと……、幼児になって、仲間と遊ぶこと、走ること、犬と戯れること……、児童・生徒になって、読み書き計算の基礎を学ぶこと、集団の中で育つこと、自然や社会に関心を抱き、疑問を抱くこと、新しいことを知ること、真実と真理を追究すること……、これらは、子どもが学ぶということであり、生きるということである。探求心を豊かにして、新しい世界を発見し、新しい知識を獲得し、自己を高め向上していく。

これらすべての行動は、子どもが幸福を追求して生きる権利（憲法等にその条項を求めるならば、憲法13条の幸福追求権、以下、同じ）の行使であり、同時に、その中核的権利としての学ぶ権利（憲法等にその条項を求めるならば、憲法23条、憲法26条、教育基本法3条）の行使である。

(3) 「学ぶ権利」と「国民の教育の自由」

子どもの「学ぶ権利」は、子ども自らが学ぶことを享受する権利であるが、この権利はさらなる側面も含んでいる。子どもは集団の中で育つ。子どもは成長と発達の過程で、互いに教え合い、刺激し合う。また、子どもは、親や年長者（近隣地域の人々・上級生・兄弟姉妹を含む）や専門家（教師・教授を含む）から学ぶとともに、指導され、援助されて、成長し発達していく。親と年長者は、子育てのなかから多くのことを学ぶ。子どもと親と年長者とが、学び、教える活動の過程で、皆が互いに学び、成長し発達するのである。
おそらく人類は、こうして互いに教え教えられながら学び、今日まで生きながらえ、文化と文明を発展させてきたと考えられる。こうした人類永劫の活動は「相互に自己を形成する自然権的活動」と表現し得ると考えるが、本書においては、以後、簡潔に「国民の教育の自由」と名付けて使用することにしたい。

(4)「学習できる人間」と「学問の自由」

歴史学者のカール・ベッカー(Carl Becker, 1873-1945)は「学習と教授の自由(freedom of learning and teaching)」について「人間は学習できる……生きもの[8]」であると捉え、さらにつぎのように述べている。

「私たちは、少なくとも何が真実であるかを知る衝動は生まれつきの人間的特性であるということで、また、それは人間が成し遂げることができる幸福と秩序ある人生が何であれ、その主な資源であるということで、さらにまた、それはより秩序のある生活と、より一般的でより安全な幸福のための人間の唯一の希望であるということで、それを正当化することができる。[9]」

彼は、「何が真実であるかを知る衝動は生まれつきの人間的特性である」こと、また、「何が真実であるかを知る衝動は……より秩序のある生活と、より一般的でより安全な幸福のための人間の唯一の希望である」ことを「正当化できる」と言っているのである。ここで注目すべきことは、「何が真実であるかを知る衝動」というのは、「何が真実であるか」を「知る権利」であり、「学ぶ権利」(筆者は、本来の「学ぶ権利」はもっと広くて深い意味を持っていると私は理解しているが、真実を学ぶことはその重要な一部分を構成すると考える）であると言い換えてよいと考えられる。まさしく、「知る権利」と「学ぶ権利」は「人間的特性である」ということである。前述の言葉をこのように考えると、ベッカーの言葉は実に正鵠を射た主張と言えよう。ちなみにベッカーは「学問の自由（academic freedom）」を「学習と教授の自由（freedom of learning and teaching）」と捉えて論じていることも追記しておこう。

かつてイマニエル・カント（Immanuel Kant, 1724-1804）は、『教育学』（１８０３年）の中で、「人間は教育されなければならない唯一の被造物である」とか、「人間は教育によって人間となることができる」と言ったが[10]、むしろ現代の私たちは、カントの言葉を「人間は学ぶことのできる唯一の被造物である」とか、「人間は学ぶことによって人間となることができる」と言い換えなければならないのではなかろうか。

しかし、その喩《たとえ》は、現実となっている。現代においては、子どもは、この世に生まれ、健やかに成長・発達して、幸福に生きたいと願っているということであり、また、その願いを実現する権利と自由を「学ぶ権利」として有しているということである。

本書では、先達に学びながら、筆者は、人格主義の立場から、「人格の完成」への手段としての「学ぶ権利」の保障こそ、子どもを含むすべての人間が「幸福に生きる」道であると論じていくことにしたい。

3　人間の至高の目的は「人格の完成」した人間になること

本節では、人間の至高の目的である「人格の完成」した人間像（それは、同時に、教育の目的である理想的人間像に通じる）について論じていく。

(1)「人格の完成」と理想的人間像

教育に「目的はない」「設定すべきではない」と考える人もいるようであるが、筆者には理解しがたい。もし「設定すべきではない」と考えるならば、その人は、何を基準に子どもを指導したり、支援したりするのであろうか。

筆者は、〝人生にも教育にも学習にも、目的が必要である。目的をめざして人間は生き、学習するのである〟と考える。つぎの2人も、目的の必要性を説いているようである。

思想家のオルテガ・イ・ガセット（Ortega y Gasset, 1883-1955）は「生きるということは、1つの目標に向かって発射されていること、或るものへ向って出かけることを意味する」[11]と述べている。また、教育学者のジョージ・S・カウンツ（George S. Counts, 1889-1974）は「傾向をもたない教育というものは存在しない。もし明確な、はっきりした傾向をもたないというのであれば、……そこには教育が存在しないことを意味する」[12]と書いている。

彼ら2人の言葉は、「生きること」や「学ぶこと」にも該当する言葉であると考える。なぜなら、「生きること」や「学ぶこと」は、価値志向の活動であり、目的・目標をめざす営為であるからである。

ただし筆者は、オルテガのいう「1つの目標」や「或るもの」、カウンツのいう「傾向」という表現よりも、さらに明確な目標・目的を示すべきであると考える。筆者の場合、つぎのように考えている。

筆者を含めて大多数の人たちは、人生の目的は「幸福」になることであると考えているのではないかと思う。ただ大切なことは、各人が、真の幸福とは何であるのか、それはどうしたら得られるのかを深く追求して行くことであると考える。

その一例として、筆者の考える「幸福」について述べてみよう。

筆者の「幸福」とは「真実の幸福者」になることである。「真実の幸福者」とは「善き人」になることである。「善き人」とは「全面的に発達した人」になることである。「全面的に発達した人」とは「人格の完成した人」になることである。つまり、私にとっての「幸福」とは「人格の完成」である。「人格の完成」は、筆者にとって人生の目的であり、学習の目的であり、教育の目的である。ついでにいえば、筆者が考える政治の目的も、社会制度の目的も、究極的には、社会構成員すべての人々の「幸福」の実現である。

「人格の完成」については、次節以下でさらに説明していく。

(2) “法の前に人あり”の教育の目的

教育の目的を設定する場合、確認しておかなければならないことは、つぎのようなことがらである。

1つは、人間の生き方を考えるということは、法よりも先行しているということである。法があって、人間が存在するのではなく、まず人間の生き方があって、そのつぎに法が位置づくということである。〝法の前に人あり〟の確認である。

例えば教育権論を展開する際に、ただちに人権や憲法から出発して理論展開をしているケースが多く見られるが、〝法の前に人あり〟ということを忘れないようにしなければならないと思う（これは、憲法や教育基本法に先立って人間が生存しているという意識の潜在的確認である。あまりよくない例えであるが、憲法や教育基本法が変われば「改悪された場合はとりわけであるが」、それに合わせて易々と理論と主張を豹変させるというのは避けたいものである「このことは、「変節」をすべて批判しているのではない」。このことは、教育のあり方や学習のあり方を論じる場合も、ほぼ同じことが言えよう）。

私たちは、人間として、法に左右されない自らの理想とする人間像、教育についていえば「教育の目的」を設定すべきであるし、独自の「教育の目的」像を描いてよいと考える。むしろ人間は、法に先立って、理想的人間像を描く自由と権利を、言い換えれば、心の自由（freedom of the mind）及び絶対的な権利（imprescriptible right）を有しているということである[13]。

（3） 教育の目的の内容設定は人間の権利

2つは、われわれは各々、自らの人生の目的、教育の目的を具体的に描かなければならないということである。生きるということ、学習するということは、その目的を具体的に、かつ明確に描き、それを目指すということである。筆者の目的は後に示すが、その前に現行法制の定める目的を確かめておこう。

現行の法制上、「教育の目的」を定めているのは、2006年制定の新・教育基本法である。同法の1条（教育の目的）はつぎのように規定している。

「教育は、人格の完成を目指し、平和で民主的な国家及び社会の形成者として必要な資質を備えた心身ともに健康な国民の育成を期して行われなければならない。」

＊参考　1947年制定の旧・教育基本法の第1条（教育の目的）

「教育は、人格の完成をめざし、平和的な国家及び社会の形成者として、真理と正義を愛し、個人の尊厳をたっとび、勤労と責任を重んじ、自主的精神にみちた心身ともに健康な国民の育成を期して行われなければならない。」

ここでは、教育は「人格の完成」を目指し、「国家及び社会の形成者」としての「国民の育成」が謳われている。しかし、「人格の完成を目指し」としながらも、旧法にあった「真理と正義を愛し、個人の尊厳をたっとび、勤労と責任を重んじ、自主的精神にみちた」を削除した、「国家及び社会の形成者」としての「国民の育成」を期すと謳うのは（それらは前文に書かれているという言い訳もできないことはないが）、何と貧しい「教育の目的」の設定であるかと思う。とりわけ「自主的精神にみちた」が削られた「心身ともに健康な国民」の育成の教育を行うというに至っては、「子どもたちや国民や哀れ」である。

ここで筆者の言いたいことは、つぎのことである。それは、新・教育基本法は「教育の目的」を「人格の完成」と規定しているが、その中身の説明をまったく示していないということである。このことは何を意味しているのであろうか。それは、「人格の完成」の中身を考えることが、まだ、国民の心の自由（精神的自由）に委ねられているということである。「まだ」と書いたのは、明治憲法下では、「教育勅語」によって「教育の目的」から「国民の道徳」まで天皇の名の下に決定され、臣民はその命に従わざるをえなかったことと比較して、という意味である。[14] そうであったことを考えると、改悪された新・教育基本法といえども、法の定める最低限の範囲を守っているとさえ言えるのである。

それゆえに私たちは、各人、自己の「人格の完成」した人間像を描く自由と権利とを有しており、その自由と権利とを自覚的かつ積極的に行使しなければならない。その権利を放棄して他人《ひと》任せにすることは、他人に隷従することになり兼ねない。無関心のままに、政府・文科省などに白紙委任してしまっては、主権者国民としては無責任であろう。無責任は隷従への一歩であり、「政府の行為によって再び戦争」（憲法前文）への道を進む運命になりかねないからである。

（4） 各人は各人の人間像の構築を

先に、各人が自己の「人格の完成」した人間像を描く自由と権利とを自覚的かつ積極的に行使しなければならないと言った。このことは、個々人が道徳哲学的な意味での「人格の完成」論を具備すべく努力するということである。この努力は、各人が人間の幸福や理想を語るためにも、時の政治や教育政策を評価するためにも、また、自らの思想体系や教育理論を構築するためにも必要不可欠な作業であると考える。

そう考える筆者は、以下で筆者の考える「人格の完成」論を展開する。ただし、筆者が使用する「人格の完成」という用語は人格主義にいうそれであって、旧と新の教育基本法にある「人格の完成」の用語に同調したものではない。それは、たまたまその用語が重なったに過ぎない。筆者の主張する「人格の完成」論は、その以前の1939年からJ・S・ミルの思想研究を通して「人格の完成」論を展開していた故・塩尻公明の「人格の完成」概念（敢えて言えば、塩尻公明の「人格主義」の「人格の完成」）に依拠したものである。このためにも、まず塩尻が「人格主義」と「人格の完成」とを論じたつぎの説明を紹介しておくのがよいであろう。

「私自身は、ラートブルフ（筆者注・Gustav Radbruch, 1878–1949、ドイツの法哲学者、刑法学者）の教えた3つの価値体系のうち、個人主義、人格主義、あるいは狭義の理想主義と呼ばれうる道徳哲学こそ、唯一の正しい道徳哲学であると信ずるものである。それは、いっさいの人々の人格完成を最高の目的としてはいるが、彼らの構成するであろうところの何らかの単一社会、ないし団体そのものの完成（何らかの点における）を目的としているのではなくて、あくまでも個々の個人の完成に究極の意味と価値とをおくという点において、全体主義にたいして、まさに個人主義と呼ばれてよいものである。また単なる幸福の享受を目的とするものではなく、真実の・最高の・幸福の享受を可能にするような人格の完成、すなわち人間的諸能力の調和的完成を最高の目的とするものであるところから、幸福主義あるいは功利主義にたいしては、まさしく人格主義と呼ばれてさしつかえない。また、いかに不朽の傑作や事業であっても、人間の創り出した文化的生産物そのものに至上の価値を認めるのではなく、人間の人格そのものとその形成とを、至上の芸術品と考えまた至上の創作と考えるという点においても、文化主義に対して人格主義であるということができる。また、現実の人間性や社会的現実のありのままを止むをえない不可避の事実としてそのままに承認し、あるいは是認するというのではなく、あくまでも理想の人間像と社会像とを描き、これに到達せんとする努力の必要性と実践性とを肯定するという点においては、現実順応主義あるいは事大主義ではなくして、まさしく理想主義とよばれてよいものである。[15]」

塩尻は、全体主義に対して個人主義、幸福主義・功利主義に対して人格主義、現実順応主義・事大主義に対して理想主義の道徳哲学を正しい道徳哲学であると紹介するのであるが、塩尻自身は、「真実の・最高の・幸福の享受を可能にするような人格の完成、すなわち人間的諸能力の調和的完成を最高の目的とする」人格主義こそ自らの道徳哲学とする、というのである。筆者のいう「学ぶ権利」がめざす人間像もかかる人間像である。

4　教育の目的としての理想的人間像

(1)　塩尻公明の「人格の完成」論に学ぶ人間像

人類の運命を指し示し、国民の向かうべきところを指し示す任務は、子どもを監護養育する親および主権者国民にあると考えられるが、職業として子どもの保育と教育とに携わっている保育・教育関係者（以下、教育関係者という）の肩にこそかかっている。教育関係者は、教育専門職として、日々、子どもの成長と発達、国民の形成に深くかかわっているからである。その意味で、いかなる人間を理想的人間像と考えるかは、すべての親国民・主権者国民・教育関係者たちにとって不可避の問題であると考えられる。

筆者自身、かつて教育関係者、今は主権者国民のひとりとして、教育の目的としての理想的人間像を描いてきている。筆者の場合、20代初期頃から、前述の塩尻公明の人格主義思想、とりわけ彼の「人格の完成した人間」論に多くを負ってきている。それゆえに以下において、筆者が自分の理想的人間像を塩尻の文章の引用で描くことを許されたい。

（2）人間性の理解に基づく人間像

理想的人間像を考えるに当たって、塩尻は次の点に留意すべきであると言う。

「人間性に対する広くて豊かな理解は、社会改革を構想する人々にとっては、依然として必要である。なぜならば、社会改革の方向があらぬところへ偏り導かれる恐れがあるからである。このことは教育においても同様にいいうる。人間性の理解とは、単に現代民主社会の要請する理想的人間像とか、社会主義社会にふさわしい理想的人間像とかを考えるだけではなお不十分であって、もっと長期にわたる普遍的な人間像のいかなるものであるかについての理解を含まなければならない[16]。」

塩尻は、理想的人間像を描くに当たっては普遍的な人間像の要素は何であるかを理解しなければならないという。これは、具体的には、永久的普遍的人間性（時代と社会とのいかんに関わらず、いかなる人間も共通に持っていると考えられる要素――人間の根本的心性）と時代的社会的人間性（特定の時代特定の社会の人間にのみ共通に認められる要素――人間の社会的心性あるいは社会的性格）を理解するということであり、こうした双方の人間性を踏まえたうえで理想的人間像を設定しなければならないということである。

塩尻自身はこの人間性の研究にその生涯の多くを費やし、その成果を『民主主義の人間観』ほか多数の著作として公表した。以下では、それらの中から、塩尻の描く理想的人間像論を「人格主義的人間論」と呼んで適宜、紹介していくことにしたい。

人格主義的人間論は、一切の人々の人格の完成と幸福の達成とを人間の至高の目的、社会の究極の目的と考える。それゆえに、その目的をもたらす社会制度と政治制度をよき社会制度と政治制度と考える。教育制度についても然りである。教育の目的も「一切の人々の人格の完成と幸福の達成」である。

(3)「人格の完成」した人間とは多面的に発達した人間

それでは、「人格の完成」した人間とはどういう人間のことであるのか。それは「全面的に発達した人間(多面的に発達した人間)」である。例えばつぎのように言っている。

「(人格の完成した人間とは)……最大限に且つ調和的有機的に成長発展させているところの人間である。……人間の究極の目標としては、依然として、多面的人間であることにあるといわざるを得ない。[17]」

教育学の世界でも、教育の目標を「人間諸能力の全面的発達」とか、「人間の諸特性、諸能力を……発展せしめ……なるべく完全ならしむることである[18]」と表現する。それはその限りで正しいが、大方の説明はそこまでである。教育学の著書で、それ以上詳細な内容までを説明しているものはほとんどないと思われる。しかし、「人格主義的人間論」は、ここから先を以下のように展開しているところに特色がある。

第1は、「全面的に発達した人間」の主要な要素(細目)をさらに具体的に述べていることである。

『善い人間』または『人格の完成した人間』についての私の抱いている観念の主要な要素は、……多面的な人間である。真理追及能力、美的享受及び創造能力、快楽享受能力、社会的実践能力、愛他的能力、その他人間性に具えられている価値の高い諸能力(人間性に具えられている価値の低い諸能力、衰弱させられたり撲滅し去られることの望ましい諸傾向とはなんであるか、価値の高いものと低いものとを判別する能力または方法はどこにあるかということ自体1つの問題であるが、これはのちに適当な機会を捉えてふれることにしよう）を、最大限にかつ調和的有機的に成長発展させているところの人間である。[19]」

「それは、対自的諸能力（自己自身を強くし豊かにする諸能力、例えば真理追及能力、美的享受および創造能力、快楽享受能力、意志的能力、その他）と、対他的諸能力（対他的および対社会的とさらに細分してもよい。例えば愛他的能力、協同的能力、社会的実践能力すなわち社会の一員としてよく生き、かつ社会をより一歩前進せしめるような能力、その他）とがともに十分に伸ばされていることを必要とし、その何れか一方のみに偏してはならないこと、またこれらの諸能力の各々が、超時代的・永久的・普遍的要素（すなわちいかなる時代、いかなる社会においても人間としてもたねばならない要素）と時代的・社会的要素（すなわち特定の時代、特定の社会において人間がもたねばならない要素）との密接に結合されたものでなくてはならない。[20]」

「教育の達成せんとする究極の目標は一切の人々の人格の完成にある。だが、人格完成のためには、さらに細目的に様々の面が展開されることが必要である。例えば人格の完成のためには、人間の利他的能力の完成、美的能力の完成、実践的社会的能力の完成も必要であり、また体育やその他によって肉体的能力の完成をはかることも必要である。また知的能力の完成には特殊専門的能力の育成という面も必要であれば、現在の社会に順応する能力、現在の社会の中によく生きうる能力の育成もあれば、現在の社会をよりよく批判し改善し得る能力も必要である。[21]」

上に紹介したように、塩尻が「全面的に発達した人間」の主要な要素に触れている箇所は多々あるが、その中でも注目すべき要素の1つが、人間の「社会的人間たるの面」として述べているつぎの説明である。

「つぎにまた、人間の多面的完成を云々するものの従来しばしば忘れてきたものの1つは、人間の社会的人間たる一面であった。ペスタロッチ、ウィルヘルム・フォン・フンボルト、フレーベルなどの古典的教育学者によれば、教育とは人間を作ることであり、その人間とはもちろん多面的なる人間であった。……しかしこれらの教育学者のいわゆる多面性とは、原則として、人間は単なる知的人間ではなく情的人間であり知情意の統一体たるがごときものである、という以上には出なかった。すなわち、彼らが人間の全体に着眼したというとき、それはなお内的人間の全体たるに過ぎなかった。外的人間は必ずしも重んぜられず、ことに社会的人間たるの面ははなはだしく閑却せられていた。すなわち、人間が生まれながらに社会的存在であること、したがって教育においては、生徒たちが社会の一員として生きかつ社会を推進すべき人間として生きうるように育成すべきである、ということは十分に意識されていなかった。[22]」

塩尻が「全面的に発達した人間」の主要な要素の1つとして「社会の一員として生きかつ社会を推進すべき人間」を位置づけ、教育において、社会改革的な人間の育成を重視し強調していたということである。

(4) 「人格の完成」と個性の伸長

第2は、「人格の完成」した人間は人間の全面的発達(多面的発達)であったが、全面的な発達に行きつくためには個性の伸長の重要性を自覚しなければならないということである。個性伸長を通して全面的発達に行きつこうというわけである。

「われわれは、究極的な目的と最高の価値とが全面的発達（多面的発達）にあることを忘れてはならないが、いかなる個人も、その遺伝的素質や教育的環境や社会的文化的発展段階などの相違によって、人間性のある特殊の一面において極めて容易に能率的に成長をとげやすいという事実がある。それゆえに、まず、その方面を重点的に成長せしめ人生の深味に触れ、次に能う限り他の要素についての成長を図っていくことが、人格完成にとっての最短の通路である。[23]」

個性の価値をいかにみるかは、教育思想や教育実践上の重大問題の1つであるが、個性そのものに究極的価値があるのではないこと、個性は各人がまだ一技一能すらもよくするところに至っていない人類の現段階においてこそ特に力説する必要があるのであって、その意味では、個性伸長は人格完成に向かう段階的価値を持つと位置づける。いわゆる「一芸に秀でるものは万芸に通ず」であり、「一道に秀でて全面的発達へ」である。

個性の伸長については、いかにして自己の個性を発見し得るか、自己の個性の伸長にふさわしい機会や職業や環境を得ることができるか、また、それを得ることのできない場合はいかなる心構えと対応と処置をとるべきかという問題もある。さらに伸長すべき個性の種類は実に種々多様であって、融通無碍の考え方をすることが必要である。この場合の個性とは、何か特殊の学問的才能や芸術的才能のみに拘泥して考えてはならず、大多数の平凡人に適用され得る個性である。いかなる個人であっても、個性はある。個性のない個人はいないということである。

(5)「人格の完成」の中核的要素の問題

第3は、人格完成には何が中核的要素であるかを理解することが必要であるということである。「人格の完成」した人間が全面的（多面的）に発達した人間であるとしても、また、人格の完成のためには個性の伸長を通していかなくてはならないとしても、人格完成には何が中核的要素であるかを理解することが必要である。この点に関して、塩尻は次のように言う。

「人格完成の中核的要素は愛他的能力の完成にあり、また、人間最高の幸福の源泉は愛他的能力の中にある。[24]」

この場合の愛他的能力の意味をどう捉えるかという問題であるが、筆者自身は他を愛する能力、利他的精神と理解している。日常的な言葉で表現すれば、他者に対する優しい心、他者に対する思いやり、他者への豊かな心づかい、他者への愛の心、とでも言えるであろうか[25]。

塩尻は愛他的能力の完成の意味について、それは「自己自身のごとくに他人を愛し、一切の民衆を愛し、社会全体を愛し、進んで一切の生物を愛し、宇宙全体を愛し得る能力を完成することである」と説明している[26]。

塩尻は、人間に愛他的能力の存在し得ること、また、この能力は価値高きものであること、さらに将来に向かってこの能力の開発には満幅の信頼を置き得ることを説いた。例えば次の通りである。

「利他心の完成を絶対的最高目的として、他の一切を賭してもこれのみはかち得なくてはならぬ標的として、日常不断に心にかけている時にのみ、またかかる教育を与えつつあるときにのみ、このことを期待し得るのである。また利他心の完成に依って得るところの幸福は、他の諸能力の完成に依り、また他の諸条件の満足に依ってかち得る幸福とはその質を異にするものであ（る）。……一切の不幸と苦痛とを償《つぐな》うて余りある万能の医薬ともいうべき幸福はこれ一つしか存在しない。利他心の完成と知的美的行動的諸能力の完成さえあるならば、即ち人格の完成さえあるならば、利己心はかけら程も必要ないのである。……かようにして、道徳にとっても教育にとっても、利他心の完成に絶対の玉座を与えることこそ正当であると考えられるのである。[27]」

それでは、愛他的精神（利他心）の涵養はいかにして達成し得るかが次の問題になるが、これについて詳論するには別の一書を必要とする。[28] 本書での「人格の完成した人間像（理想的人間像）」の要素の記述についてはここまでとしておきたい。

（6） 人生と教育の目的としての「人格の完成」

人格主義の教育論は、理想的人間像とその要素を以上のように理解し、人間の至高の目的と設定し、その教育論においては教育の目的と設定する。そして、この人間像の価値に照らして、政治、経済、文化、教育、人間の行為……の良し悪しを判断する。また、こういう考え方、生き方を若者や国民にも提案する。

この提案は、日高六郎がかつてつぎのように述べていた趣旨とも合致していると考える。

「私は、人生をどのように生きるかという単純な、しかしもっとも根本的な問題にたいして、小学校から大学まで、学校教育ではなにをなすべきなのか、なにが可能であるか、を徹底的に検討しなおすべきだと考える。……私は、教師が生徒たちに人生観をおしつけることに反対である。しかし、人生いかに生きるかという問題を、とことん話しあうことなしに、人間の全体の回復を議論することは、ほとんど意味をなさないと思う。……私は、もし子どもたち、あるいは生徒たちが、生きるということの意味と目標について、ある程度の確信をもったならば、彼らの学力それ自体も急速に上昇すると信じている。……むしろ学習への動機づけは、質的に深まるにちがいない。こうした提案を、教師は父母に投げかけるべきではあるまいか。

私は、いま大学の教師たちの一部が、こうした問題からますます逃げ腰になっていることを知っている。しかしこうした価値意識と結びつけられていない科学や技術こそが、人間にとって恐るべき凶器となるのである。そうした関連について、大学教師はどうのような『科学的認識』をもっているのであろうか。すくなくともこうした問題を教師が考えぬかないでは、父母・国民の教育要求に答えることが不可能であることだけは否定しがたい。(29)」

人格主義の教育論は、この世に生をうけたすべての子どもを尊厳なる存在として理解する。さらに、すべての子どもが「人格の完成した人間」に向かって生きること、学ぶことを熱願する。そのために、子どもを含めた国民には、「人間として生きる権利」、「学習する権利」の保障が必要かつ不可欠になるのである。

もっとも、どういう「人格の完成した人間」を目ざして生きるのか、学ぶのかを決定するのは、最終的にはその主体者である子ども自身が（場合によっては、親たちの指導や援助を受けて）決めることである。その自由と権利とをすべての人間は自然権として持っているのである。

筆者の場合、上記の「人格主義」の人間観・教育観を基点として、すべての対自的対他的事象（政治・社会・文化・教育・人間など、すべての事象）を考え、評価し、判断し、行動することを目標としたいと思っている。

5　「人格の完成」への「学ぶ権利」の法制論

(1)「人格の完成」への「学ぶ権利」

「人格の完成」への手段としての子どもの「学ぶ権利」の法制論については第5章で詳しく論じる予定であるが、ここでは「人格の完成」への「学ぶ権利」を法的にどのように主張しえるのかの視点から、私見を示しておくことにしたい。

「人格の完成」への手段としての子どもの「学ぶ権利」の法的根拠を日本国憲法条項に求めるならば、どこに位置づくであろうか。「学ぶ権利」は、「知る権利」、「名誉・プライバシー権」、「環境権」、「生命倫理」、「犯罪被害者の権利」などと同じく、憲法制定後に現れてきた新しい権利であるが(30)、筆者は今のところ、つぎのように位置づけるのが最適であると考えている。

まず、憲法13条（個人の尊重、幸福追求権、公共の福祉）である。同条はつぎのように定めている。

「すべて国民は、個人として尊重される。生命、自由及び幸福追求に対する国民の権利については、公共の福祉に反しない限り、立法その他の国政の上で、最大の尊重を必要とする。」

本条は、憲法11条（基本的人権の享有）、憲法12条（自由・権利の保持の責任とその濫用の禁止）を承けて、日本国憲法が掲げている国民の基本的人権の内実（生命、自由及び幸福追求権、以下、幸福追求権という）の最大の尊重を国政に課していると考える。「学ぶ権利」は、この憲法13条の国民の「幸福追求権」の1つとして位置づけられると考える。さらに、具体的な条項としては憲法23条（学問の自由）に求める。同条はつぎのような条文である。

「学問の自由は、これを保障する。」（Article 23. Academic Freedom is guaranteed.）(31)

憲法23条の「学問の自由」とは、沿革的には「大学の自由」（大学人の研究・教授・発表の自由）と理解されてきた傾向があったが、今日においては、すべての国民が「学問の自由」を享受するということこそ第一義的に捉えられるようになってきている。当然の成り行きであろう。まず、すべての国民が「学問の自由」を享受するが、その国民の一員として、大学で働く教員も「学問の自由」が保障されるのだと考えるべきであろう。

このように考えてくれば、子どもの「学ぶ権利」は「学問の自由」の発展的解釈ないし理解であると考えられる。前にも書いたが、子どもにとって「学ぶ」ことは、「学習すること」ないし「学問すること」と同義であるからである。子どもが「学ぶ」ことは、子どもが主体的自律的にものごとを知ること、真似ること、新しいことを発見すること、創意工夫することを意味する。子どもは「学ぶ」ことを通して、自己を成長発達させていくのである。それは、自覚的に意識的に選択的に人生を生きることでもある。子どもは「人格の完成」をめざして「学ぶ」ことによって、自と他の成長と発達を図っていくのである。

(2)「学ぶ権利」は「人間形成」を、「教育を受ける権利」は「人材育成」をめざす

それでは、「学ぶ権利」は、憲法26条の「教育を受ける権利」規定とどういう関係になるのであろうか。

本来、「学ぶ権利」と「教育を受ける権利」とが一致し、相補完し合う関係になることが理想であるのであるが、階級社会である日本では、両者は相対立する関係にあるということである。それについては第4章で詳論する予定であるが、ここではごく簡潔に触れておこう。

階級社会である日本においては、大企業と富裕階級は、彼らが支持する政党が組織する政府(公権力)を使い、彼らに都合の良い教育プログラムを公教育として施行するのである。この教育プログラムは、大企業や富裕階級の要求に応じた「人材育成」をめざす教育内容と教育制度を憲法26条の「教育を受ける権利」の教育であるとして子どもに提供しているのである。現在の教育施策がそれである。「人材育成」の教育施策では子どもの「人間形成」が保障されないと主張するのが、人格主義の「学ぶ権利」の主張である。「人格の完成」をめざして人間の全面的調和的かつ最大限の成長と発達を実現すべきと主張する「学ぶ権利」は、「人格の完成」をめざす教育内容と教育制度を要求する。この要求は、主として憲法13条、憲法23条、そして憲法26条に依拠して要求することになる。

しかし、ブルジョア憲法である日本国憲法に、しかも大企業や富裕階級の要求に応じた「人材育成」を規定する憲法26条に対して、「人格の完成」をめざして人間の全面的調和的かつ最大限の成長と発達を実現すべき教育を求めることは自己矛盾しているのではないか、という疑問を提示する人もあろう。また、憲法26条の規定する「教育を受ける権利」に、「幸福追求権」としての「学ぶ権利」を期待することは、「木に縁りて魚を求む」に等しい要求をするに等しいと考える人もいるであろう。

だが筆者は、人格主義が日本国憲法に、また、憲法13条、憲法23条、そして憲法26条に依拠するのは、それらの条項に、「人格の完成」、「幸福追求の権利」、「学ぶ権利」の意味を可能性として読み込めると考え、かつ、読み込むべきであると解しているからである。(32)

顧みれば、教育権論に限って言えば、ほぼ半世紀前に、時の政権の教育施策を批判して、先述したように、宗像誠也が「教育とは人間の尊さを打ち立てることだ」と立ち向かい、堀尾輝久が憲法26条の「教育を受ける権利」規定は「子どもの学習権」を保障したものであると主張したのは、これまでの人間性の深い洞察、教育史の豊かな知見を踏まえ、さらに人類史の未来を展望した、真の「人間のための教育」の本来的あり方を宣言したもので、さすが名論卓説であったと考える(教育の定義としては、問題があるとしても、である)。彼らが、「カウンター教育(行政)学」と謙遜しようと、また、揶揄されようと、彼らの理論と主張が現実の教育の改善と改良を導いていることを認めなくてはならないと思う。

ただし堀尾が、「憲法第26条の精神」や「教育を受ける権利」をつぎのように述べていることについてはいかがであろうか。

「わが国憲法の……『教育を受ける権利』は、近代における『子どもの人権』の思想につながり、子どもの人権の中核をなす学習権の実定法的規定であり、子どもの学習権が、架空の、抽象的権利ではなく、現実的かつ有効な権利として認められたことを意味する。(33)」

「憲法第26条の精神は、近代教育思想とその価値を継承し、同時に、社会主義成立以降の世界的動向と民主主義の高揚を反映しており、国家が主宰する強制就学義務の思想や、慈恵としての教育の思想と決定的に対立するのである。それは端的にいえば、人権としての教育の思想と子どもの学習権思想を中核とする国民の教育権の憲法的表現だといえよう。[34]」

率直に言って筆者は、上のような堀尾のような捉え方に一抹の違和感を禁じ得ないのである。その理由の根拠を求めて、第2章で、「教育を受ける権利」の本質をいくつかの視点から考察してみることにしたい。

注

(1) "de facto" は事実上(in practice)、"dejure" は原則上(in principal)の意)を意味するラテン語である。

(2) 筆者が教育目的の設定がいかに重要であるか、いかに難しいかを知ったのは、「教育基本法要綱案」等の作成経緯を、当時未公開であった「教育刷新委員会第一特別委員会速記録」に基づいて研究したときであった。第一特別委員会は、教育の目的(前文と第1条)を設定する議論に全12回の委員会うち6回を費やしていた。しかし、教育の目的が決定されると、他の条項は早々に決まっていった。拙稿「教育基本法の根本理念――第一特別委員会と教育基本法要綱案――」、拙著『国民の教育の自由』(泰流社、1974年)、同『教育権の研究』(タイムス、1977年、巻末に「教育刷新委員会第一特別委員会速記録」を収録)を参照されたい。

多くの人々が教育の定義をしているが、ここでは広田照幸の簡潔な定義「教育とは、誰かが意図的に、他者の学習を組織化しようとすることである」(広田照幸『学校はなぜ退屈でなぜ大切なのか』ちくま新書、2022年、18頁以下に説明)のみを紹介しておこう。

(3) 筆者は塩尻の「人間最高の幸福は人格の完成にあり、人格の完成の中核的要素は愛他的能力の豊かなる伸長にある」という言葉を、座右の銘としている。

(4) 宗像は『教育と教育政策』(岩波新書、1961年、1―5頁)や『教育行政学序説(増補版)』(有斐閣、

1969年、231―232頁）で、「教育政策」「教育行政」を定義するにあたって、事実（de facto）と規範（de jure）の峻別の重要性について忠告したが、「教育」の定義をするにあたって、その忠告を忘却したようである。この忘却が宗像教育行政学に小さからぬ弱点をもたらした、と筆者は考えている。私は彼が「人間の尊厳の確立が教育の最高の任務だ」「教育の任務が人間の尊厳の確立にある」（宗像誠也『私の教育宣言』岩波新書、1958年、131頁）と宣言しているのには賛同するが、それは彼の願望であって、教育の定義ではない。

(5) 堀尾輝久『現代教育の思想と構造』岩波書店、1971年、328頁。

堀尾は、同書の他の箇所でも教育の定義（?）を次のように表現している。気の付いた箇所を引用しよう。

①「教育とは、新しい社会への希求を、子どもの、予測を越えた成長の可能性に賭ける理想主義的いとなみだといえよう」（325頁）。

②「人間の可能性の全面的開花を目指す意図的いとなみとしての教育は……」（326頁）。

③「教育が子どもの可能性の開花のための目的意識的営みだ……」（327頁）。

以上のうち、①が「定義」らしい表現であるが、それでも、天皇制教学体制の教育や戦後の文教政策に対して厳しく批判している堀尾には、まったく似合わない。堀尾は、いまひとつ別の表現をしている。それを④としよう。

④「私たちの求める教育を、定義ふうにいえば、〈教育は、一人ひとりの子どもの能力の可能性を全面かつ十分に開花させるための意図的営みであり、教材を媒介として子どもの発達に照応した学習を指導し、発達を促す営みである。そしてそのことを通して社会の持続と発展をはかる社会的営みである〉といえるでしょう」（堀尾輝久『教育入門』岩波新書、1989年、95頁）。

この文章から、堀尾が「教育」の定義と「自分が望む教育」とを混同しているのではないかと思う。

(6) A・ポルトマン（Adolf Portmann）、高木正孝訳『人間はどこまで動物か』岩波新書、1961年、61頁。

(7) このことは、大脳生理学研究等の証明しつつあるところである。例えば、時実利彦『脳と人間』雷鳥社、1968年、同『生命の尊厳を求めて』みすず書房、1975年、同『脳を育てる』三笠書房、1987年、沢口俊之『幼児教育と脳』文春新書、１９９９年、勝田守一『教育とはなにか』岩波書店、１９６６年などを参照されたい。

(8) カール・ベッカーは、この箇所でつぎのように言っている。

「人間は学習できる唯一の生きものではないが、人間は自分の使いみちに他の人の知識を流用できる唯一の生きものである。そして、この蓄積された知識——過去や遠い場所にある知識——によって、人間は、彼が実際に直接的に知覚し経験できる狭い範囲を超えて、最適に拡張された環境を創り出すことができる。」（Carl Becker, *Freedom and Responsibility in the American Way of Life*, Vintage Books, 1944, p. 53）。この論文の邦訳は、岡田愛・中谷彪訳「カール・L. ベッカー（Carl Loutus Becker）著、「学問の自由と教授の自由」として、『立正大学教職センター年報』第2号、２０２０年度、１６１—１７５頁に収録）。

(9) Carl Becker, op. cit., p. 57.

(10) カントがこれらの表現をしたかについては疑問があるようである。しかし、S. J. Curtis and M. E. A. Boultwood, *A Short History of Educational Ideas* （University Tutorial Press LTD, 1953, p. 292以下）は、以下のような説明をしている。

「カントによれば、人間は教育を必要とする唯一の創造物である（Man, according to Kant, is the only creature who needs education.）。動物は本能を備えているため、幼鳥は母鳥から特徴的な歌を学ぶことが認められているが、正式な教育プロセスは存在しない。人間の教育には、育成、規律、人格形成を目的とした道徳的訓練、および指導が含まれる。幼い子どもは自分で計画を立てることができないので、他の人が彼のためにこれをしなければならないが、それは幼児期に始まるはずである。」

「Culture（Bildung）文化（形成・教育）はまだ続くが、個々の子どもたちが自分自身の考えをもつ年頃になると、それは終わる。……しつけは幼児の教育において非常に重要である。しつけの影響力がなければ、幼児の動物的衝動は、彼らを乱暴にし危険に駆り立てるであろう。」

「人間は当然手に負えないものであり、若いときは人類の法則に従うように育てられなければならない。幼い子どもは動物の発達段階を少し上回っているが、彼の人間性を発達させるのは教育である。したがって、幼い子どもたちは、教えられるのではなく、言われたことをすることを学ぶために就学させられる。」

カントは、「教育の目的」を「一人一人に真の人間性を育むことである」と設定し、その将来を「教育を通じて、人類の本性が継続的に向上し、人類にふさわしい状態になっていることを実感できることをうれしく思う。これにより、将来、より幸せな人類の可能性が開かれる」と描いていた。しかし、彼の人間教育論は、「動物の発達段階を少し上回っている」「手に負えない」幼児には「しつけ」を施し、「幼い子どもたち」には「教えられるのではなく、言われたことをすることを学ぶため」に「学校教育」を受けさせることで「教育の目的」である「一人一人の人間性を育む」というものである。しかし、それは可能であるのであろうか。そこには大いなる矛盾があると、筆者は考える。

(11) オルテガ・イ・ガセット、樺俊雄訳『大衆社会の出現——大衆の蜂起』創元社、1958年、182—183頁。

(12) George S. Counts, *The Prospects of American Democracy* (The John Day company, 1938), p. 317.

(13) この点で、宗像の「教育とは人間の尊厳を確立することである」、堀尾の「人権としての教育」「基本的人権としての学習権」「人間が人間になるため」と言った表現は簡潔かつ明瞭ではあるが、それだけでは抽象的で、今少し具体的な人間像を描くべきではないかと思う。

(14) 天皇主権の明治憲法下では、「天皇ハ……臣民ノ幸福ヲ増進スル」(9条)という名目で、教育が義務として臣民に課された。その教育内容は「教育勅語」の示す忠君愛国・滅私奉公の人材を養成することを目的とするものであった。それが天皇制教学であった。現在の保守政権は、憲法を改正(改悪)して、再び政府に従順な国民づくりを狙っている。その政策は国民生活の全般にわたるが、その主要な政策は学校教育を通して着々と遂行されている。要注意である。

(15) 塩尻公明「民主主義の道徳哲学」『社会思想研究』第14巻4号、1962年、15頁。

(16) 塩尻公明「社会改革と宗教——教育学部卒業生への送別の辞」『わが心の歌——私の人生観』ダヴィッド社、1957年、117頁。塩尻公明の教育思想については、拙著『現代教育思想としての塩尻公明』(大学教育出版、1999年)も参照されたい。

(17) 塩尻公明『青年と倫理』河出書房、1955年、引用は、塩尻公明「若き日の倫理」『若き友へ贈る』

現代教養文庫、１９６６年、２０９―２１０頁。
(18) 文部省教育法令研究会編『教育基本法の解説』国立書院、１９４７年、60頁。
(19) 前掲「若き日の倫理」『若き友に贈る』社会思想社、現代教養文庫、２０９―２１０頁、１９６６年。
(20) 塩尻公明「宗教と道徳について」『現代の７つの課題Ⅰ――新しいモラルの確立』筑摩書房、１９６０年、１７５―１７６頁。
(21) 塩尻公明『政治と教育』社会思想研究科出版部、１９５２年。62頁参照。
(22) 塩尻公明『J. S. ミルの教育論』、同学社、１９４８年、40―41頁、同「若き日の倫理」『若き友に贈る』、２１３―２１４頁。
ある行為や物事それ自体に備わる価値は内在的価値（intrinsic value）、それ自体ではなく、手段として価値があるものは手段的価値（instrumental value, 道具的価値）を持つと言われる。佐藤春雄の学びの説明によれば、前者は、ただ学びたいから学ぶ、自分が充実感を感じたいから学ぶという知的好奇心であるのに対して、後者は、社会のため、自分の昇進・転職のためなど、学びは手段となると言い、内在的価値はついつい忘れがちになってしまう、と言う（『朝日新聞』、２０２２年11月26日）。

この説明に従うと、人格主義の「学ぶ権利」の主張は、「人格の完成」した人間育成という至高の目的をめざして、内在的価値と手段的価値の両価値の伸長を図ろうとするもので、内面的成長と社会的改革的成長をも含めている。それゆえに、学びを、単なる知的好奇心や昇進・転職などの手段としてだけと捉えるのは狭いと考える。
(23) 前掲『青年と倫理』、18頁、前掲「若き日の倫理」、２１７頁、同旨、前掲『J. S. ミルの教育論』59頁、前掲『民主主義の人間観』、１４１頁なども参照されたい。
(24) 前掲『青年と倫理』、16頁、愛他的（利他的）能力が人格完成の中核的要素であることについての塩尻の周到で膨大な研究については、前掲『民主主義の人間観』、55頁以下、塩尻公明「利己心・利他心の問題」『社会思想研究』14巻10号、66頁以下、前掲『J. S. ミルの教育論』、６―８頁、塩尻公明『女性論』現代教養文庫、１９５２年、１８０頁以下を参照されたい。
(25) 作家で僧の瀬戸内寂聴（1922―2021）は、天台宗の開祖である最澄の教えである「亡己利他」をしばしば引用している。同師は、その意味を「己を忘れて他を利する。我欲に振り回されるのではなく、自分の行動が誰かのためになっているかを考える。人を幸せにすることこそ、もっとも高尚です」（例えば『朝日新聞』２０２９年8月31日）と説明し、「生きることは愛すること」と言っている。さらに同師は、１００歳に近づいて「愛することは許すこと」の境地に到達したという（同前）。筆者に言わせれば、人格完成の中核的要素である愛他的能力の完成の状況にかなり近づかれたのではないかと思う。本稿執筆中に、同師は亡くなられたが、苦悩と葛藤の人生をよく受け取りながら随喜の境地に到達されたと思う。

(26) 前掲「若き日の倫理」『若き友へ贈る』、２１４頁。塩尻は同書で、「愛他的（利他的）能力の完成」が人格完成の中核的要素であることについては、学説的証拠、実際経験に基づく証拠もあって、決して自分の主観的独断ではないと述べ、さらに『民主主義の人間観』で具体的に論じている。

(27) 前掲『J. S. ミルの教育論』、77―75頁。

(28) 塩尻の到達した人生訓は、つぎのようにまとめられる。①「人生最高の幸福は、万人が平等に獲得しうるようなものの中にある。否、万人が平等に獲得しうるようなものの中にでなければ、人生最高の幸福はありうるはずはない。」②人間最高の目的は、人格の完成（「人格の完成した人間」または「人間らしい人間」になること）である。③人格の完成の中核的要素は、愛他的精神（利他心）の豊かなる伸長にある。④愛他的精神（利他心）の豊かなる伸長のためには「すべてよく受け取る」こと、または「生活的真理に触れる」ことである、という。そして、この「すべてよく受け取る」こと、または「生活的真理に触れる」という生活方法は、いかなる人間にとっても、ただ今の瞬間から実行可能であるところの、最も確かな方法論である、と述べている。拙著『現代に生きる塩尻公明と木村久夫――真に生甲斐のある人生とは何か』アジア・ユーラシア総合研究所、２０１８年、第1章参照。

(29) 日高六郎「人間の全体性の回復」『教育』、１９７２年、13―14頁。

(30) 長谷川正安は、「憲法に規定されているものだけが人権のすべてではないことはいうまでもない」（「『教育』の自由と『学問』の自由」『教育』、１９５９年、１１８頁）と、憲法に規定されているもの以外の人権や新しい権利の存在を予言している。新しい権利については、例えば、佐藤幸治『憲法』（青林書院新社、１９８１年）では「知る権利」や「アクセス権」（３

66頁）など、伊藤正巳『憲法』（弘文堂、1982年）では「プライバシーの権利」（228頁）、「環境権」（231頁）、「知る権利・アクセス権」（308頁）などに触れている。例えば、「知る権利」について、奥平康弘は「日本国憲法には、知る権利を名ざしで保障する規定はないが、国民主権の原理および表現の自由を始めとした精神活動にかんする基本的人権の保障規定にてらし、国民に知る権利がそなわっていると解することに、うたがいをさしはさむ余地はない。ひとところは、知る権利を語る明示的な規定がないという一事によって、そんな権利はありはしないと得意顔で論ずる者もいたが、それは憲法の根幹を否定する暴論である」と書き、「知る権利」は憲法21条の「表現の自由」が内包している、と解している（『知る権利』岩波書店、1979年、28—29頁、30頁）。同旨、奥平康弘「現代社会と知る権利」、石村善治・奥平康弘編『知る権利——マスコミと法』有斐閣選書、1974年、1—18頁。

(31) 憲法23条の英語表記（Academic Freedom is guaranteed.）を直訳すれば、「学問の自由が保障されている」であるが、「学問の自由は保障される」という訳がよいであろう。しかし、憲法23条の「学問の自由は、これを保障する」は最悪の訳ではかなろうか。特に、「これ」が問題で、この日本文を書き直せば、「学問の自由は、学問の自由を保障する」となる。これでは、文をなさない。それでは、誰が「学問の自由を保障する」のであろうか。憲法は公法であるから、憲法23条は、「(国は、) 学問の自由を保障する」となるのであろう。そもそも大学の自治（自由）は、中世において、国王や皇帝によって認められたものであるからである。こう考えてくると、政府（公権力）が「学問の自由」や「大学の自由」を制限する意味が明確になってくる。

(32) 筆者は、私たちは、すべての子どもたちの「人格の完成」をめざして「学ぶ権利」の保障と充実とを求めるべきであると提案するものである。この提案のプラス面は、「人格の完成」をめざして「学ぶ」諸過程においても、人生を生きるに値する手ごたえが感じられることである。しかし、難問が予想される。1つは、そもそも「人格の完成」をめざす「学ぶ権利」保障の理論的構築がどこまで可能であるかという不安である。2つは、どれほどの親や子どもたちが「人格の完成」の価値に賛同するか、利己主義を克服して利他心（愛他的精神）の重要性に目覚め得るかである。3つは、保守的な体質の憲法学界において憲法23条（学問の自由）に基本的人権としての「学ぶ権利」や「国民の教育の自由（国民の相互自己形成権）」が市民権を得ることができるか、等である。

憲法23条（学問の自由）に国民の「教育の自由」を読み込もうとしているのが兼子仁である。兼子は、『国民の教育権』（岩波新書、1971年）で、「『学問』のなかに、教育はふくまれないときめてしまっていいのだろうか。憲法23条は教育条項ではないのだろうか」（102頁）と問い、つぎのように述べている。「憲法23条の『学問の自由』は、専門的な学問研究の自由だけでなく、国民すべての学問学習の自由を含む。そして学問学習の実態は、社会教育をふくめて自分のうける教育を選び求める自由、つまり『教育をうける自由』にほかならない。……こう考えてくれば、憲法23条『学問の自由』が、子どもの学問学習の自由と一体をなす国民の教育の自由をも保障していると言っていいのではなかろうか。」（104頁）

一部賛成であるが、「自分のうける教育を選び求める自由、つまり『教育をうける自由』」という意味が分かりにくい。「教育を選択する自由」とは異なるのであろうか。「うける教育」「教育をうける」かぎり、出口が見えないような気がする。

筆者のいう「学ぶ権利」や「国民の教育の自由（国民の相互自己形成権）」は、「人格の完成」をめざして子ども・国民が「人間形成」を図るという積極的な活動を意図している。

いま一人は、「憲法の精神」を説く堀尾輝久である。つぎのようにいう。

「憲法は、教育が人権の1つであることを認め、幸福追求の権利を軸に、子どもの人格形成、精神発達と学びの権利を保障しているのであり、……該当条文としては、第11条（幸福追求権）、19条（思想・信条の自由）、23条（学びの権利と学問の自由）、26条（教育の権利）、そして97条（基本的人権の本質）等があり、それらを貫くものが、教育にかかわっての『憲法の精神』に他ならないのである」（堀尾輝久『人権としての教育』岩波現代文庫、2019年、371―372頁、初出・『教育』国土社、2007年）。

憲法23条に「学びの権利と学問の自由」を読み込んでいるようで、筆者は大いに魅力を感じる。そうなると、堀尾が従来から主張してきた憲法26条に読み込む「学習する権利（学習権）」は、憲法23条とどういう関係で位置づくのであろうか。「憲法の精神」といった漠然としたものではなく、各条文として構造化する必要があると考えるが。

(33) 前掲『現代教育の思想と構造』、311頁。
(34) 同前、312頁。

第2章　「教育を受ける権利」の本質を問う
――近代公教育制度の構造、世界の憲法規定、日本の憲法規定

本章の目的は、憲法26条の「教育を受ける権利」の本質を問うことである。そのために、①近代公教育制度における教育権の構造がどうであったか、②世界各国は「教育を受ける権利」をどう規定しているか、③そうした流れの中で日本の「教育を受ける権利」の規定の性格はどうであるか、を確かめることである。幸いにも、これらの分野では多数の貴重な研究成果や史資料が存在する。(1) それらに学んでいくことにしたい。

1　近代公教育制度の探求

(1)　義務教育制度成立期の教育の構図

本節の目的は、憲法26条の「教育を受ける権利」の根源である近代公教育制度がどういう制度であったかを探ることである。近代公教育制度の成立期、とりわけ公教育として義務教育制度が成立する時期に焦点をあてるのは、教育(制度)における国家と国民の関係を最も鮮明な形で示していると考えるからである。

教育史研究家の梅根悟は、各国の義務教育制度の成立過程を考察して、つぎのようにまとめている。

「義務教育制度というものは、……ただ1つの義務教育があったのではなく、さまざまの時代に、さまざまの、ちがった義務教育があったわけである。①それはかっては民衆の信仰を支配権力の奉ずる宗教によって統一するための制度として取り上げられた。②また、それはある時代には農民の子どもたちを従順な、一揆などをおこさない、そして、じっとしんぼうして働くような農民にするために企てられた。③さらに市民革命の時代には新しい民主的な政治社会（直接には議会政治）をうまく運用してゆくためには、すべての民衆が知的に啓蒙されていることが必須であるという見地から、その実施が要望された。④そして……19世紀の資本主義経済の成長期にあらわれた義務教育制度は、いわば資本家の利益と賃労働者の利益、そしてその子供たちの幸福を考え、主張する立場の、いわば交差点に生まれた制度であった。心ある資本家と、その資本家たちのために、その将来のことをおもんばかってくれるところの資本家の味方に立つ良識家たちは、文盲労働者をなくすことが、彼らの未来にとって有利であることを打算してこの制度を主張し、支持した。労働者階級の指導者たちは、労働者階級の解放の一翼としてその子供たちの完全就学を、権利として要求した。[2]」（数字の①〜④は筆者）

つまり、時代の変遷によって、社会的・政治的情況に対応して、多様な様態の義務教育制度が成立してきたということである。そのさまざまな様態が、梅根によると、①、②、③、④であった。

近代公教育制度成立期の事例研究としては、なるべく多くの事例があることが望ましいが、諸般の事情から、③についてはフランスの近代公教育制度、④についてはアメリカにおける公教育制度の事例を、本書のテーマである教育における国家と国民の権利義務関係という視点から検証することにする。

（2）フランスの近代公教育制度

フランス革命期における近代の公教育制度はどのような内容と性格であったのであろうか。それをタレイラン（Talleyrand, 1754-1838）とコンドルセ（Condorcet, 1743-94）の公教育案を中心に整理していこう。

タレイランの「公教育に関する報告」

フランス革命は1789年7月14日のバスティーユ監獄の襲撃によって火ぶたが切られた。政権を奪取した革命政府の最初の仕事は、新しい体制に合わせた法体制の制定と公教育制度の創設であった。法体制の制定では、まず1789年8月26日に人権宣言の公布、2年後の1791年9月3日にフランス憲法の制定が行われた。同憲法ではその第1章で、公教育制度についてつぎのように定めていた。

> すべての市民にとって共通な公教育制度、しかもそのうち、すべての人にとって欠くことのできない教育期間については、無償の公教育制度を創制し組織する。

この規定に合わせた教育改革が急がれ、多くの教育改革案が立憲議会（後に立法議会）に提出されることになった。最も早く提出されたのが、革命のリーダーであったタレイランの「公教育に関する報告」（同議会で1792年9月10日と11日に説明演説）であった。しかし、立憲議会はまもなく解散され、改めて立法議会が招集されたために、彼の「報告」は審議されることはなかった。しかし、彼のかなり長い「報告」から彼の公教育論の特色をまとめると、つぎの3つになろう。

第1は、公教育を権力の作用と捉えていたことである。彼はつぎのように述べている。

「公教育も1つの権力と呼ぶ権利をもつものであろうことは疑いない。何となれば公教育は、絶えず政治団体の完成と、一般の繁栄とのうえに作用すべき任務をもつ1つの秩序を含有するものであるからである。[3]」

公教育は公権力（国家）の作用（事務）であるということ、また、公教育の任務とは「政治団体の完成（訳注・この場合は、政治権力を獲得、維持し、教育政策決定過程に影響力を行使し得る組織の完成という意味か？）」と「一般の繁栄（訳注・公教育の発展？）」とにあると言う。

第2は、公教育の性格を5つの原理に分けて論じていたことである。

彼のいう5つの原理とは、①教育はすべてのもののために存在しなければならない、②この原理は他の原理と結びついている、③教育は、その目的に関しては普遍的でなければならない、④教育は男女両性のために存在しなければならない、⑤教育はすべての年齢のもののために存在しなければならない、というものであった。

注目すべきことの1つは、①で「すべてのもののために」、④で「男女両性のために」、⑤で「すべての年齢のもののために」と言っているように、老若男女すべてにわたる人間を公教育の対象にしているということである。

注目すべきことの2つは、彼は「報告」で、各原理を詳しく説明しているが、その項目はいずれも重要な教育的価値であり、その説明にも説得力があり、今日においても十分に通用し得る内容であるということである。

第3は、公教育において、憲法の理解とその学習との重要性を強調していることである。

これは、時代が革命直後という政治的社会的状況下であったこと、タレイラン自身が政治家で、しかも革命派の政治家たちのリーダーであったことから、新しい政体の確立と安定化とを図ることが急務であったことに依っていると考えられる。彼が公教育に特に期待したことは、政治的必要から、子ども（国民）に憲法の学習とその擁護を、国民の守るべき道徳とを教えることであった[4]。

タレイランの公教育案は、今日に継承されるべき貴重な教育思想を豊富に含みながらも、革命という激動期の教育改革の宿命のゆえに、全体としては政治主導の公教育制度論になっていたということである。

そこでの教育権の構造は、公権力が「教える主体」、「教えなければならない主体」であり、子どもは「教えられる存在」「教え込まれる存在」であった。そこには、子どもの「教育を受ける権利」という言葉はなかったのみならず、子どもの「学習する権利」や「学ぶ権利」という発想も皆無であった。

コンドルセの「公教育の全体的組織に関する報告書と法案」

つぎに、近代公教育制度の原則を示唆したと評されている、フランス革命期の思想家で政治家であったコンドルセの公教育制度論を検討しよう。

彼は、1792年に、「公教育の全体的組織に関する報告書と法案」を国民議会に提出した。彼はその冒頭で「国民教育の目的」をつぎのように宣言している。

「人類に属するすべての個人に、みずからの欲求を満たし、幸福を保証し、権利を認識して行使し、義務を理解して履行する手段を提供すること。

各人がその生業を完成し、各人に就く権利のある社会的職務の遂行を可能にし、自然から受け取った才能を完全に開花させ、そのことによって市民間の事実上の平等を確立し、法によって認められた政治的平等を現実のものにする方策を保証すること。

これらのことが国民教育の第一の目的でなければならない。[5]」

そう宣言した彼は、そのつぎに、「この観点からすれば、国民の教育は公権力にとっての当然の義務である[6]」と言った。

ここまで読んで、〝コンドルセは、国民の教育は公権力の義務であると言っている、それは、国民が教育を受ける権利をもっていると言っていることだ〟と解した人々もいたのではなかろうか。しかし、それは早計である。彼は「国民は教育を受ける権利をもっている」などと言っていない。それを説明しよう。

コンドルセの「教育の目的」の諸項目の主語は誰であるのか。そこには主語は出ていない。しかし、公教育制度案であるから、主語は、公権力すなわち国家（政府）である。それを考えると、上記のコンドルセの法案は、主観的には、「各人」の「幸福」や「才能の完全な開花」を保証すると謳っていたとしても、それらの中身（内実）を決定するのは、時の国家（政府）である。階級社会で、しかも主権が民衆（国民）に保障されていないときに、支配階層である貴族や富豪階層が支配する国家（政府）が策定する「幸福」や「才能の完全な開花」の中身を教育内容として子どもに教えることは、たとえ3R'sの教育を含むとしても、教育の総体としては教え込み（または、教化）となろう。

なぜなら彼の教育計画案は、当時の教育計画案の中で最も詳細で、体系的で、民主主義的な内容を有していたと評価し得ても、教育における国家と国民の権利義務関係を余りにも形式的に踏まえていたからである。

実際、以下に引用するコンドルセの公教育法案は、先述の「教育の目的」に忠実に即応した規定の域を出ず、「教育を受ける権利」はもちろんのこと、「学習する権利」や「学ぶ権利」という用語を微塵も含んでいない。

第1章（教育の区分）
第2条　②　小学校では、すべての国民に必須の知識が教えられる。（以下、略）
第2章（小学校）
第1条　田舎の小学校では、読み方と書き方が教えられる。またそこでは、田舎の住民に必要な算術の算法と、道徳に関する知識、自然に関する知識、および経済に関する知識のそれぞれ初歩が教えられる。[7]

すべての条項が、子どもたちに「教えられる」であった。そして、教える権限を持つのは公権力（政府・国）であった。

コンドルセの影響を強く受けたジルベール・ロンム（Gilbert Romme, 1750-1795）の公教育案の法令案でも、同じような条文で、公権力による上からの教化であった。

「第2条　初等学校では、すべての市民に絶対に必要な知識を教える。」

「第8条　……公教育は憲法によって制定された団体の監督下に置かれる。教育は特別の監督に服する。[8]」

結局、国民公会で最終的に採択されたのはピエール・ドーヌー（Pierre Daunou, 1761-1840）の公教育案であったが、その「公教育組織に関する法令」（1795年）も、以下のように「教えられる」「順守させる」という規定であった。

「第5条　各初等学校では、読み、書き、計算、および共和主義的道徳の基礎が教えられる。」

「第11条　市町村の行政当局は初等学校を直接に監督し、上級の行政機関の法律と政令の執行を順守させる。[9]」

つまり、フランスの近代公教育制度の仕組みは、以上の経緯を見る限り、公権力（国・政府）が、自らが施すことが必要と考える教育内容を編成して、庶民の子どもたちに学校という機関において教える義務を負う（実態は、統制・教化する）という制度であったと言えよう。[10] 確かに子どもたちは、3R's（読み、書き、計算）の基礎は教えられたが、より重要なものとして「共和主義的道徳の基礎」を教えられたのであった。それは、完璧に国家（現在の所轄は国民教育省）に管理統制された公教育制度であった。

先に梅根は、こうした教育が「新しい民主的な政治社会（直接には議会政治）をうまく運用してゆくためには、すべての民衆が知的に啓蒙されていることが必須であるという見地から」なされるに至ったと書いている意味は十分に理解し得る。しかし同氏が、当時を「民主的な政治社会」と表現したり、「すべての民衆が知的に啓蒙されていることが必須である」と言ったりしているのは、やや現代的な意味合いの言い方であり、また、その評価も過大であるように思われる。せいぜいのところ、支配権力者たちが議会を都合よく運営していくために、公教育制度を利用して国民（民衆）を教化しようとしたと判断した方が実態に合っているのではなかろうか。

（3） アメリカの公教育制度――ニューイングランドの公教育制度

本節でアメリカというとき、それは17世紀以降にヨーロッパから移民してきた白人が中心になって建設した社会を意味する。以下でも、17世紀以降に新世界に建設された社会をアメリカと呼ぶことにする。

さて、アメリカでは1779年から1865年に至る期間が、各州の公立学校制度が確立された年代であると言われているが[11]、その原型はニューイングランドの公教育制度に見ることができる。後にマサチューセッツ州の公教育制度の創設を主導した「アメリカ公教育の父」ホーレス・マン（Horace Mann）も、1847年に、すでに2世紀も前に植民地時代のニューイングランドで創設されていた公教育制度について「それは注目に値する事実である[12]」と評価し、彼はその教育遺産を自らの教育改革で継承発展させた。

そこで以下では、まずニューイングランドでの公教育制度、次いで、マンが主導したマサチューセッツ州の公教育制度の成立を概観し、その教育権の構造を確かめることにする。

ニューイングランドの公教育制度

ヨーロッパからの最初の移民は1607年にヴァージニアのジェイムズタウン（Jamestown）に上陸

し、最初の植民地を建設した。一方、1620年にメイフラワー号でマサチューセッツのプリマス（Plymouth）にやってきた移民が植民地を建設した。これ以後アメリカでは、マサチューセッツをはじめとする北部的な植民地と、ヴァージニアをはじめとする南部的な植民地が形成されることになる。

ヨーロッパを逃れてニューイングランドに安住の地を求めたピューリタンの人々は、子どもや若者たちの教育に関心が高かった。彼らは、1635年にボストンにラテン・グラマー・スクール（Boston Latin Grammar School——中等学校）を設置することを決議し、以後、各都市にラテン・グラマー・スクールが設置される先鞭をつけた。また彼らは、1636年に、ハーバード・カレッジ（Harvard College）を設立した。同カレッジは、「学問を進め、これを子々孫々に不朽に残し、将来教会が無学の牧師に任せられるようなことがあってはならない」（同大学校門に彫られている1643年の文書）との信念のもとに設けられた神学校で、次世代の宗教的指導者を育成することを目的とするものであった。その後も、宗派を異にする同種のカレッジがつぎつぎに設立されていった。

これらのグラマー・スクールやカレッジに遅れること数年の1639年に、マサチューセッツ州ドーチェスター（Dorchester）という小さな町（town）が地域税（community taxes）によって運営するアメリカ最初の公立学校（マザー・スクール、Mather School）を設立した。[13] もちろん、小さな町が住民の税金で学校を建てて運営したというのであるから、粗末な小屋のような学校であったと想像される（同校は現在も、アメリカ最古の小学校として存在している）。

ドーチェスターの公立学校に見るように、ニューイングランドで初期に小学校の設立を主導したのが町政府であった。その様子は以下のようなものであった。

「町当局は学校を開くために校長を任命したり、私的企業としてすでに学校を開いていた校長に町の権限を与えたりして、主導権を取り始めたのであった。町は、しばしば公有地の一部を学校の建設と援助に当てるだけでなく、市民によって自発的に行われる醵金《きょきん》の運動に力をかしたりした。実際問題として、大部分の町にこのようにして設けられた学校は、行政委員（selectman）、治安判事（magistrates）、もしくは聖職者、官公吏などの、町当局の監督のもとにおかれるべきであることを認めた。このように学校は町政府の権限によって存在し、すべての両親は子どもたちを就学させる権利をもち、町は、学校の援助に公共の土地、ときには資金を与え、町の公吏が学校の運営を調査し指導するという意味において、〝パブリック・スクール〟であった。しかしながら学校は全面的に公金で援助され、したがって授業料は無料であるという意味では、〝パブリック〟ではなかった。ある一部の貧乏な子どもたちは、授業料を免除されて学校にいくこともできたが、余裕のある両親は子どもたちの教育のために授業料を払うのが普通であった。[14]」

マサチューセッツ立法府も下層階級のための教育の初歩に特に関心をもち、すべての子どもたちがなにがしかの教育を受けられるようにする計画にとりかかった。

マサチューセッツ立法府は1641年に、「自由権集成（The Body of Liberties）」と称する最初の法律体系を採択し、イギリスの一般法とピューリタンが自分たちの新共和国に妥当すると考えられる自由権の要約を具体化した。それは生命、身体、所有権、家族、訴訟手続きの自由の全範囲を扱った95条から成っていた。それらの自由はいずれも、総会の特別法（express law）か裁判による法律の正当な手続きがなければ、奪い取られることはないというものであった。それらの自由のうちの4つの部分は、財産の継承、〝不自然な厳格さ〟で扱う両親を提訴できる子どもたちの権利、裁判所の自由権、および裁判所の指示に基づいてのみ処置することができる孤児たちの権利に関する〝児童の自由権（Liberties of Children）〟を扱ったものであった。[15]

次いで1642年に、マサチューセッツ立法府は、両親および雇主に対して、その支配下にある子どもたちの教育に関心をもつように要求し、それに反した成人には罰金を科するという有名な法律（1642年の教育法）を制定した。この法律で注目すべきことは、①義務教育（compulsory education）を求めた植民地の最初の法律であったこと、②両親の権利に制限を加えて両親が勝手に子どもたちの教育を軽視することをできなくしたこと、③貧乏な子どもたちが徒弟制度に対応できるために、また、すべての子どもたちが州と教会のよき市民となることができるために、必要かつ不可欠な教育内容として、文字の読解、宗教の正統性、主要な法律の知識を求めたこと、そして、④町の執行委員に、法律が守られているかどうかを調査して怠慢な両親または雇主を罰金刑に処するために法廷に送る権限を与えていたこと、であった。[16]

しかし、1642年の法律では、学校は一校も設けられなかった。しかし、同法の狙いが、①子どもたちを保護する責任のある成人に教育の義務を負わせたこと、②子どもたちが共和国のためにその法律を理解することができるように教育されるべきという政治的欲求の反映であったこと、③子どもたちが彼ら自身にも社会にも有益であるような職業を学び、未熟練の貧困階層の出現を防ぐための経済的配慮を示したこと、④子どもたちを正統な宗教的原理に基づいて育成すべきであるという宗教的動機を考慮したものであったこと、そして、⑤何よりも英語を読む能力がこれらすべての目的を達成するための基礎基本であること明示したこと、であったことを考えると、[17]近代公教育の原型を示したものとして評価することができよう。むしろ、こうした下準備が示されていたから、この精神がつぎに見る1647年の法令や約2世紀後のマサチューセッツ州の義務教育法に引き継がれることになったと考えられる。

これ以後も、マサチューセッツ立法府が教育改革の主導権を握った。マサチューセッツ立法府は、1647年に、各町に「学校設置義務」を要求する有名な条令（Old Deluder Act）を可決した。

この法律制定の背景には、親に子どもたちを就学させる義務を課するという政府の要望だけでは、子どもたちが就学する学校が存在しなければ就学もできないこと、親にも就学させる義務を合法的に強制できないこと、という反省があった。そこで、〝先ず学校を建てよう〟、と方針転換を図ったということである。

そこで立法府は、1647年の法律で、50家族以上の各町に学校を設立して、読み書きを教える教師を任命し、その教師のもとに通う子どもたちの親が給与を払うか、もしくは町集会が決めた場合には公金で支払うよう要望した。さらに100家族の各町には、ラテン・グラマー・スクール（Latin grammar school）を設立し、大学（College）に入る少年たちを準備するためにラテン語文法（Latin grammar）を教える教師を任命するよう求めた。ラテン・グラマー・スクールの設立はもはや地方の主導権に委ねるべきではなく、州政府の権限によって町に要求することであり、これを怠る町には罰金による処罰を科するというものであった(18)。

この法律制定の意義は、つぎのところにある。

1つは、町に公立の学校やラテン・グラマー・スクールといった「学校設置義務」を課したが、親に「子どもを就学させる義務」を課していなかったことである。

この理由としては、1642年法の方針転換として学校設置を優先させたこと、ヨーロッパ的な親権優先の原則を尊重したことなどが考えられる。

2つは、小学校→ラテン・グラマー・スクール→カレッジという単線系の学校階梯制度の原型を初めて示したことである。

3つは、州政府が学校を統制する権限を持つという考え方（原則）を確立したことである。ニューイングランド植民地の歴史の初期から、州が公共的・市民的問題として教育（事項）を促進する権限を有するという先例を築いたということである。[19]

4つは、1642年法と合わせて、アメリカ公教育制度の原型を示し、その後の植民地およびマサチューセッツ州の公教育制度のみならず、後続の各州の公教育制度の模範を示したことである。[20]

バッツとクレミンは、上述のニューイングランド植民地の教育制度の特色をつぎのようにまとめている。

「ニューイングランド（植民地の教育制度）のパターンは、4つからなる原理、すなわち、①州が子どもたちを教育するように要求できたということ、②州が町に学校を設けるように要求できたということ、③市民政府官吏の直接経営によって学校を指導し統制することができたということ、④公金が公的学校の維持のために使用されることができたこと、から構成されていた。[21]」（①～④は筆者）

まさしく州政府が①、②、③、④の権限を保持し、教育に関する統治権限を独占していたということである。[22]

アメリカ最初の州公教育制度──マサチューセッツ州公教育制度の成立

マサチューセッツ州の義務教育教育法が成立するのが1852年であったが、その説明に入る前に、同法が制定されるまでの経緯を簡単に追跡しよう。

この点で、真野宮雄が前出の『アメリカ教育史1』で、アメリカ公教育の発達に重要な役割を果した代表的人物として政治家ジェファーソンと教育行政家ホーレス・マンとを取り上げ、その思想を検証しているのは、適切であると考える[23]。なぜなら、アメリカ社会において教育と政治の込み入った結びつきを最初に明確にしたのがジェファーソンとマンであったからである[24]。ただし、ここでは紙数の関係から、マンの公教育案のみを検証することにする。

ホーレス・マンの公教育制度論

教育は各州の権限

アメリカ合衆国憲法は1787年9月17日に作成され、1788年に発効して今日にまで至るが、同憲法には教育条項がない。教育条項は何処にあるのか、その説明から始めよう。

「アメリカ合衆国憲法本文第5章にもとづき、合衆国議会が発議し諸州の立法部が承認した、合衆国憲法に追加され、またはこれを修正する条項」というものがある。これが一般に修正条項（Amendments）と呼ばれるものである。第1条~10条はBill of Rightsと呼ばれ、「権利章典」と訳されるが、イギリスの1689年の「権利章典」と区別するために、単に「人権（保障）規定」と訳されることもある。

しかし、人権であるはずの「教育に関する条項」は、修正条項でも出てこない。ただし、人権規定の最後の条項である合衆国憲法修正第10条［州と人民に留保された権限・1791年成立］は、つぎのように定めている。

「この憲法が合衆国に委任していない権限または州に対して禁止していない権限は、各々の州または国民に留保される」

この規定によって、「教育に関する事項」は「各州の権限」で定められることになっているのである。

マン、州上院議長からマサチューセッツ州教育長に

アメリカで最初に州義務教育法を制定したのはマサチューセッツ州で、時は1852年であった。同州はニューイングランド植民地時代から政治や教育において率先して実績を積み重ねてきた歴史をもっているが、州の義務教育法の制定においても先頭を切った。その後、後続の各州がマサチューセッツ州の義務教育法にほぼ同様な内容の義務教育法を制定していったということである。

さて、マサチューセッツ州の義務教育法の成立に中心的な役割を果したのが、同州初代教育長（Secretary）のホーレス・マンであった。マンは同州の下院議員、同上院議員（後に上院議長）を経て、1837年に同州の初代教育長に就任した。彼がその職を辞したのが1848年であったので、彼の州教育長職の在職期間は12年間に及ぶ。この間に彼は、アメリカ最初の州義務教育制度を成立させるのに貢献した。そこで以下では、まずホーレス・マンの公教育思想を分析し、つぎにマサチューセッツ州義務教育法の内容検証に進み、最後にその制度の教育権の構造を明らかにしたい(25)。

ところで、マンを州の上院議長の職から州の初代教育長へ転職させた力は何であったであろうか。マンは政治家として州上院議長にまで上り詰めたので、つぎは州知事か連邦議会議員へと出世するという道があったのに、その道を投げ捨てて、州教育長職へ就任したことを訝《いぶか》った人もいたようであるが、筆者には、彼には慣れない任務ではあったかもしれないが、彼の人生の究極の目的から判断すれば、一貫した行動であったと思われる。というのは、彼は政治家として「よき国家」の実現を目ざして政治活動に入り、10年ばかり活動したが、「よき国家」の実現のためには「よき国民」を育成しなければならないということに気づき、政界の地位を投げ捨てて、「よき人づくり」のために教育の世界に飛び込んだのであろう。彼にとって、「よき国づくり」と「よき人づくり」は密接不可分の関係にあったのである。(26)

そう見てくると、マンは軸足を政治の分野から教育の分野へ、つまり国づくりの仕事から人づくりの仕事へと移したけれども、マンの人生哲学においてはむしろ着実に〝政治と教育の統一〟という考え方に近づきこそすれ、少しもぶれてはいなかった。彼は、教育長職は「想像したこともなかった」仕事であったかも知れないが、州上院議長として「コモン・スクールに関する法律」（An Act Relating to Common Schools）の制定（1837年4月20日）に関わったこと、知事任命の州教育委員会の委員に選任されたこと、周囲の有力者たちの合意と強力な説得とがあったこと等を勘案すれば、教育長職への就任は必然の道、神（God）が彼に命じた天職であったとも考えられるのである。

以後、彼は州教育長として「コモン・スクール」を初めとするマサチューセッツ州の公教育制度の改革に着手する。マン州教育長としての活動を物語る一級の資料は、在職中の12年間にわたって教育委員会に提出した12冊の『年次報告書（*Annual Report*）である。(27)

マンの教育権思想の整理

以下では、同『年次報告書』を主たる資料として、マンの教育権論に関する主張を整理していくことにしたい。

第1は、マンは「この世に生まれるすべての人間は教育に対する絶対的な権利（the absolute right of every human being ... to an education）をもっている」と言っていることである。

彼がこの主張を述べているのは『第10年報』である。同年報でマンは、マサチューセッツ州の公立学校の起源を1647年まで遡りながら、その功罪を述べ、今後、彼自身が描く公教育論を展開している。彼はつぎのように書いている。

①「私は、自然法あるいは自然倫理の偉大にして不変の原理の存在を確信している。これは、すべての人間の諸制度に先立つものであり、人間のいかなる儀式によっても廃棄することのできない原理である。それらの道は自然の秩序に、また人類の歴史で明らかにされているので、神の道（the ways of Providence）である。この原理は、この世に生まれるすべての人間が教育を受ける絶対的な権利（the absolute right of every human being ... to an education）をもっていることを証明している。そして、このことは、教育への手段（means）をすべてのものに提供するのはすべての政府の関連する義務であることを証明している。(28)」

傍点部の to an education の和訳であるが、筆者はここでは一応、「教育を受ける権利」と訳した。(29)

それはともあれ、「自然法あるいは自然倫理の偉大にして不変の原理」とし、「すべての人間の諸制度に先立つものであり、人間のいかなる儀式によっても廃棄することのできない原理」と性格づけて、すべての人間の「教育を受ける権利」を主張したのは、マンが最初であったのではなかろうか[30]。だが、そういう性格の制度および原理であるならば、なぜ彼はそれを「教育を受ける権利」であると主張したのであろうか。なぜ、「学ぶ権利」と主張しなかったのであろうか。それが筆者の疑問である。

第2は、すべての人間の中でも、子どもの「教育を受ける権利」を最上の位置に置くと主張していることである。

②「神の意志は、自然の秩序と、神が人々の間に築いた諸関係の中に明白に示されているように、この世に生れるすべての子どもの権利（the right of every child）を、自然法および正義の基礎の上に置く。すなわち、それは、可能な限り、子どもが生まれて最初に子どもの権利（child's right）を拡張する権利を与えるのと同じ自然法と平等の明確な根拠に基づいて、家庭的、社会的、市民的、道徳的義務のすべてを遂行する傾向を子どもに与える。[31]」

人間の権利のなかでも、「子どもの権利」、「教育を受ける権利」を「人々の間に築いた諸関係の中」で最も上位のものとして位置づけるというのである。換言すれば、人間の間では「子ども」の位置を上位に、「子どもの権利」のなかでも子どもの「教育を受ける権利」を上位に置くというのである。この序列関係は、大人よりも子どもを、子どもの権利の中では「教育を受ける権利」を上位に置くことになる。マンはこの位置づけこそ「自然法と平等の明確な根拠に基づいて」いるというのである。一応、同感したい意見である。

しかし、マンが考えている教育が、マン自身が書いているように、「共通の空気の一部を肺に取り入れたり、共通の光に目を開いたり、身体的存在の継続に必要な避難所、保護、栄養を受け取ったりする」[32]教育に値するものであるかについては、検討の余地があろう。

第3は、マンは、子どもの「教育を受ける権利」の内容について具体的に示していることである。この主張についてはやや複雑であるので、順次、説明していくことにしよう。

マンは、②の引用文で、「子どもの権利（child's right）を拡張する権利を与えるのと同じ自然法と平等の明確な根拠に基づいて、家庭的、社会的、市民的、道徳的義務のすべてを遂行する傾向を子どもに与える」と言っていたが、さらに、つぎのようにも言っている。

③「この自然法の原理の適用に関して、つまり、公費ですべての人々に提供される教育の範囲に関して、さまざまな政治組織の下で、ある程度の意見の相違が存在する可能性がある。しかし、共和制政府の下では、この教育の最低限度は、各市民に求められる市民的および社会的義務を果たすのに十分な資格を得るのに十分であることを決して下回ることができないことは明らかである。すなわち、その教育とは、身体の健康についての重要な法則を知る資格、親としての義務を果たす資格、証人あるいは陪審員としての公務を果す資質、有権者としての義務を果たすのに必要な資質、そして最後に、この偉大な共和国の主権の一部を継承し、それを双肩に荷うために、すべてこれらの義務を忠実にまた良心的に果たすのに必要な資質、それらを与える教育である。[33]」

まずマンは、「公費ですべての人々に提供される教育の範囲に関して、さまざまな政治組織の下で、ある程度の意見の相違が存在する可能性がある」という。この独自性や多様性を容認する見解は、広大なアメリカの政治的地理的環境等を勘案すれば、それなりに納得のいく考え方であるといえよう。

しかしマンが、共和制政府の公教育制度の下で市民と子どもの「教育を受ける権利」として与える教育が、②の文の「家庭的、社会的、市民的、道徳的義務」を果すための教育、また、③の文の「身体の健康についての重要な法則を知る資格、（中略）すべてこれらの義務を忠実にまた良心的に果たすのに必要な資質」を養う教育である、と言うに至っては、三重の意味で問題であると言わなければならない。

1つは、政府が、主権者であるはずの市民と、教育の主人公である子どもの義務を一方的に決定していること、2つは、上記のような義務ばかりの教育内容を「教育を受ける権利」と称して教え込むこと、3つは、市民や子どもの「学ぶ権利」をまったく無視している、ということである。

第4は、マンは、子どもの「教育を受ける権利」を保障する「教育の手段（教育の諸条件）」を整備することは政府の義務であると主張していることである。

マンは①の引用の末尾で、「このことは、教育への手段（means）をすべてのものに提供するのはすべての政府の関連する義務であることを証明している」と述べていた。政府が子どもに提供する教育内容についてはその3で触れたが、ここでは、改めてマンが、教育の手段（教育の諸条件）」を整備することは政府の義務であると言っているのである。つまり、「政府」の義務として、子どもの「教育を受ける権利」を保障しようと言っているのである。

第5は、公教育（とりわけ、コモン・スクール）の財源を租税で賄うことを原則とし、その財源確保の方策を企図したことである。

公教育において最も重要な課題の1つは、教育の費用（教育財源）をどこから捻出するかであった。当然のことながら、マンはその財源を租税から賄うことにした。このためにマンは、税金を出し渋る民衆には本来的な教育の権利、万人の平等と独立を、産業資本家や工場主や富裕階級には労働の価値や経済的効果や非行（犯罪）等の防止効果などメリットを説いて回った。そのように説明することが彼らの教育への関心を得るための最善の手法と考えたのである。マンは『第10年報』で、つぎのように言っている。

「この神の力によって定められた（子どもの教育という）事業のために、財産所有者たちにそれぞれの分け前を要求することは、間違ったことでも困難でもない。貢献を回避する人や不平を言う人こそ不正行為者である。」(34)

またマンは、『第5年報』で、教育は、農民、製造業者、および労働者のいずれにとっても最も生産的な事業であること、一国の富を増大させる最も確実な手段であることを延々と述べ、教育の経済的効果を説明している。(35)

さらにマンは、当時の著名な教育家たちの教育意見を聴取しながら、彼自身は「コモン・スクール・システム（Common School system）」に「実行可能な修正を加える」案として、以下のように提示した。

「……若者の胸の中でその源流を枯渇させることによって実際の不法行為の荒れ果てた流れにとどまるというこの神聖な結果は、特定の規定された条件の先行または実行によってのみ約束される。条件は以下の3つである。

1．公立学校（Public Schools）は、現在のニューイングランドのシステムの基本原則に基づいて運営されること。

2．彼ら全員が、毎年しばしば数カ月の期間、高度な知的および道徳的資格を持つ人々によって教えられること。言い換えれば、すべての教師は、私たちが現在一流または一流の教師と呼んでいる人々と能力と性格において同等でなければならないということである。

3．連邦内（Commonwealth）のすべての子ども（all the children）は、4歳から16歳まで定期的に、つまり、毎年10カ月間、学校に通わなければならない。[36]」

マンのコモン・スクール制度の改善案によると、①公立学校は「ニューイングランドの制度の基本的原則により運営されなければならない」こと、②公立学校では「非常に学識及び道徳の素質が高い人物（教師）」によって教えられるべきこと、③連邦内の「4歳から16歳のすべての青少年」は、「毎年10カ月間」、「学校に定期的に出席しなければならない」というものであった。

マンは、「社会の革新が前提とされるのはこれらの条件の実行にあるので、もちろん、それらが実行可能な条件であることを示す必要がある。したがって、私は検討を進め、私が信じているように、それらの実行可能性を確立する[37]」と決意を語り、以下の頁で各項目の実行のための検討を展開している。

マサチューセッツ州義務教育法の制定

ともあれマサチューセッツ州義務教育法は、マンが退職した4年後の1852年に制定された。それは、つぎのような規定であった。

第1条　8歳から14歳までの子どもを保護する者は何人も、少なくとも12週間、彼等の居住している町あるいは市の公立学校に、その子どもを就学させるべきである。もしそのような町あるいは市の公立学校が、開校されている場合は、何時でも、連続6週間、その子どもを就学させるべきである。

第2条　この法律の第1条に違反するものは、何人たりとも告訴や起訴によって、20ドル以下の科料に処せられるものとする。

第3条　この法律の第1条の規定に違反するものは、町および市の出納官によって告訴されるものとする。

第4条　もし地方学務委員会の調査によって、あるいは裁判によって、次の事情が判明すれば、それらの人々に対しては、この法律違反を適用しないであろう。

居住地区に学校のない場合、

コモン・スクールにおいて教えられる学科目を既に修得してしまった場合、

子どもの身体的、知的条件が、通学あるいは学令期間、学習を修得する事を妨げる場合、

子どもの保護者が、貧困の理由によって子どもを就学させることが不可能な場合。(38)

「8歳から14歳までの子どもを保護する者」は「少なくとも12週間」、「公立学校に、その子どもを就学させるべきである」という第1条の規定は、一応、近代的な義務教育規定であると言える。それゆえに、同法は、アメリカ教育史上最初の正式な義務教育規定をもった教育法であったといえよう。しかし、その第1条も、その内容の実行については、第4条でその趣旨がまったく骨抜きにされたた

めに、同法自体がいわゆる「ザル法」[39]になってしまった。それはまた、先に見たマンのコモン・スクール制度の改善案からも明らかに後退している。否、マン案の真意をほぼ否定してしまったと言わなければならない。

マサチューセッツ州義務教育法制定へのマンの努力と同法制定前後の教育状況について、梅根悟はつぎのように総括している。まさしく、言い得て妙である。

「彼（注・H・マン）の努力にって、公立学校のための州の公費支出は2倍になった。校舎改善のために200万ドル以上の金が支出された。教師の俸給は男子で42％、女子で51％増した。児童の就学期間は平均して1カ月のびた。3つの師範学校が創設された。そして懸案の教育制度は、彼の退職後4年目に実現をみた（1852年）。しかしそれも『8歳から12歳までの児童の保護者はすべて児童を少なくとも年間42週間、公立学校に就学させせなければならぬ。』といった程度のもの、わずかに年間12週、月にして3カ月足らずの就学を強制したものにすぎなかったし、しかも『児童の保護者が貧しいという理由で就学させることが不可能な場合には、就学義務をのぞく』という免除つきのものであった。

そしてその就学率は義務制施行前において51％、10年後の61年にいたってなお63％にすぎなかった。そして60年ごろのあるマサチューセッツ州の警察官は、『だれもそんな法律にしたがおうとはしない。』『民衆の大部分は、そんな法律のあることも知らない』と言っている。ホーレース・マンの努力にもかかわらず、大部分の工場主たちはあいかわらず目先の利益、安い賃金での長時間労働で子どもたちをしぼることしか考えなかったし、貧しい親たちにとっては、後の100より今の50のほうが大切であった。」[40]

しかし、このマサチューセッツ州義務教育法が、他の州の義務教育法の制定に決定的な影響を与え、ほぼ半世紀を経た1909年のミシシッピー州を最後にして、アメリカ全土に及んだのであった。

後日談になるが、アメリカの公教育制度は、約一世紀後の1960末から1980年代にかけての一時期、マイケル・B・カッツ（Michael B. Katz）らリビジョニスト（revisionist・修正主義者）たちによって批判に晒されたが、昨今はその論争も終焉を迎えたようである。もちろん、教育制度をも含む既存の社会的制度というものは常にその功罪を問われ続ける運命にあるが、マサチューセッツ州初代教育長であったマンの努力と貢献についてはアメリカ教育史における遺産（legacy）として不動の位置を占めるであろう。

アメリカ公教育制度のまとめ

アメリカの公教育法成立過程を概観してきたのであるが、ここではマサチューセッツ州のコモン・スクール・システムにおける国家と子ども・国民の教育権の構造に焦点をあててまとめることにする。

第1は、マンによって自然法として子どもの「教育を受ける権利」が主張されたが、公教育法制定の過程で姿を消し、保護者にその子どもを就学させる義務を課したということである。違反者には科料を課したので、まさしく義務教育制度であった。

第2は、政府が公教育、とりわけ公立学校（コモン・スクール）制度を管理運営する権限を有していたということである。この場合の学校の管理運営とは、教育のすべての諸条件の整備を含むものであった。

第3は、公立学校においては、「家庭的、社会的、市民的、道徳的義務」を果すための教育（内容）が子どもたちに与えられた。

以上、アメリカの公教育制度創立期の教育は、政府と産業資本家、工場主、富裕階級の要求を優先した教育を子ども・国民に義務教育として強制するものであったということである。

近代公教育制度の教育権の構造のまとめ

フランスとアメリカの近代公教育制度の概略をみてきたが、教育権の構造という視点からはつぎのようにまとめることができよう。

近代公教育制度を主導した人々は、ひたすら上から目線で国民を教化・統制する教育制度を構築しようとした。彼らは、「庶民は無知文盲であり、無謀でルールを守らない。それゆえに、学校教育で3R's、従順、道徳、遵法……を教えなければならない」と考えた。彼らにとって公教育制度とは、支配層に都合のよい教育内容を庶民に押しつけるシステム、教化と統治のシステムであった。その下では、「教育は政府の義務である」「子どもは教育を受ける権利がある」と宣言しても、その実態は、子ども・国民は政府が定めた「教育内容」を受ける義務を負うシステムにほかならなかった。

以上、限られた近代国家における公教育制度の分析結果であった。しかし、この結果はかなり一般化できるのではないかと考える。そこで、この結果をも踏まえながら、つぎに、現代の国家における教育法制における「教育を受ける権利」の規定について検討していくことにする。

2　世界の憲法における「教育を受ける権利」規定の検討

(1)　各国の「教育を受ける権利」規定の様式

「教育を受ける義務」から「教育を受ける権利」へ

近代公教育制度の下では、「教育を受ける義務」の規定はあったが、「教育を受ける権利」の規定はなかった。そこでは、政府が自らに都合のよい教育内容を学校（教育課程と教師）を通して子ども・国民に強制していく教育制度が普通であった。それは、子ども・国民の「学ぶ権利」を保障するものではなかった。

それでは今日、各国の憲法は国民の教育に対する権利と義務をどのような形で規定しているのであろうか。

例えば本書第1章の末尾（注33、34）で、日本国憲法26条の「教育を受ける権利」規定を高く評価していた堀尾は、別のところで、20世紀に入ってからの「教育を受ける権利」規定の増加、とりわけ社会主義国や人民民主諸国のそれをつぎのように書いている。

「教育を受ける権利」が「一国の憲法上の明文に現れるのは、20世紀にはいってからであった。それはまず、1936年のソヴィエト憲法（121条）に、はじめて現れた。そして、第二次大戦後に成立した社会主義国ないしは人民民主諸国の憲法ないしは、人民戦線政府の憲法に規定されるにいたったのである。さらに、社会主義国家の出現と民主主義思想の国際的高揚を背景に、世界人権宣言にもその規定をみるのであり、そのことによって、『教育を受ける権利』は、人類共通の思想的財産となったのである。[41]」

しかし筆者には、憲法に「教育を受ける権利」規定が設けられたことを「人類共通の思想的財産となった」とまで評価することはできそうにない。せいぜいのところ、教育史における一歩ないしは半歩程度の前進であると考えているからである。というのは、1つには、「教育を受ける権利」規定があれば、その国において真の意味での「教育を受ける権利」が実質的に保障されているのか、2つには、そもそも現行の「教育を受ける権利」規定が私たちの教育要求（人格主義でいう人格の完成への「学ぶ権利」の保障）に応えるに足る規定なのか、ということに疑義を持たざるを得ないからである。

この疑義に対する筆者の考えは後に示す予定であるが、とりあえず、世界のいくつかの国の憲法における国民の教育に対する権利と義務規定をみることにしたい。

（2）各国の「教育を受ける権利」の規定

以下に示すのが、世界のいくつかの国の憲法における教育条項である（順不同、傍点は筆者）[42]。

・**スイス連邦憲法**（1999年制定）

第15条（信仰および良心の自由）③何人も、……宗教教育を受ける権利を有する。

第19条（初等学校教育への請求権）充分かつ無償の初等学校教育を請求する権利は、これを保障する。

・**大韓民国憲法**（1987年制定）

第31条　すべての国民は能力に応じて、等しく教育を受ける権利を有する。

②すべての国民は、その保護する子女に、少なくとも初等教育及び法律が定める教育を受けさせ

る義務を負う。
③ 義務教育は無償とする。

・**朝鮮民主主義人民共和国憲法**（1972年制定）

第39条　国家は、社会主義教育学の原理を具現し、次代を社会と人民のためにたたかう不屈の革命家、知・徳・体をかねそなえた共産主義的な新しい人間に育てる。

第59条　公民は、教育を受ける権利を有する。……

・**ルーマニア社会主義共和国憲法**（1972年公布）

第21条　ルーマニア社会主義共和国の市民は、教育への権利を有する。

③ ルーマニア社会主義共和国における教育は、国家教育である。

・**イタリア共和国憲法**（1963年改正）

第33条　芸術および化学は、自由であり、その教授も自由である。

② 共和国は、教育に関する一般的規律を定め、すべての種類の段階の国立学校を設ける。

・**デンマーク王国憲法**（1953年制定）

第76条　就学年齢に達したすべての子どもは、初等教育において無償の教育を受ける権利を有する。

……

・**ドイツ連邦共和国憲法**（1973年改正）

第6条　子どもの養護と教育は、親の自然の権利であって、かつ、何よりも先に親に負わされている義務である。その実行に対しては、国家共同社会が監督する。

第7条　すべて学校制度は、国家の監督の下に置かれる。

・ポーランド人民共和国憲法（1997年改正）

第70条（教育を受ける権利）①各人は、教育を受ける権利を有する。18歳未満の教育は、義務である。

②公立学校における教育は、無償である。……

③親は、自らの子どものために、公立学校以外の学校を選択する自由を有する。……

④公的権力は、教育への普遍的で平等なアクセスを市民に保障する。……

・中華人民共和国憲法（1982年制定）

第46条　中華人民共和国公民は、教育を受ける権利および義務を有する。

②国家は、青年、少年、児童を育成して、品性、知力、体位などの全面的な成長をはかる。

・ロシア憲法（2020年改正）

第43条　すべての人は、教育を受ける権利を有する。

④基礎的な一般教育は義務である。両親又はこれらを代替する者は子どもたちに基礎的な一般教育を受けさせることを保障する。

⑤ロシア連邦は連邦国家の教育水準を制定し、多種多様な形態による教育及び自学を支援する。

・世界人権宣言（1948年採択）

第26条　すべて人は、教育を受ける権利を有する。……

②教育は、人格の完全な発展並びに人権及び基本的自由の尊重の強化を目的としなければならない。……

③親は、子に与える教育の種類を選択する優先的権利を有する。

・**日本国憲法**（１９４７年制定）

第26条　すべて国民は、法律の定めるところにより、その能力に応じて、ひとしく教育を受ける権利を有する。

②すべて国民は、法律の定めるところにより、その保護する子女に普通教育を受けさせる義務を負ふ。義務教育は、これを無償とする。

以上は、世界に存在する１９６カ国の中の11カ国（０・０５６％）の憲法と「世界人権宣言」における「教育を受ける権利」（に属すると考えれる）規定を列挙してみたに過ぎない。ただ、列挙した諸国の憲法は世界の先進国としての特質を読み取るには十分であると思う。もっとも、どの国の憲法の「教育を受ける権利」の規定が良いか否かを比較検討することがここでの問題ではない。大切なことは、国ごとに多様な形で「教育を受ける権利」の規定がなされているということであり、それは、その国の歴史、文化、政治形態を示しているということである。ここでは、そこまでである。

（3）　世界の憲法の規定から指摘できること

筆者がここで言いたいことは、以上の諸規定から、教育権論としてつぎのような特質が指摘できるということである（若干、関連して推論できると思われる特質も論じることを許されたい）。

第1は、表現に若干の違いがあるとしても、資本主義国、社会主義国、人民民主諸国、その他（例えば、世界人権宣言）も、憲法に「教育を受ける権利」の規定を設けているということである。

第2は、同じく、どの国の憲法の教育規定も、国（政府）が国民を教育する権限を有するという意味において共通しているということである。

第3は、現代の公教育制度とは、ブルジョア勢力であれ、共産主義勢力であれ、政治的経済的に支配的な勢力によって支持された公権力（政府）が国民の教育を管理統制する制度であるということである。

第4は、公権力（政府）は公教育制度を通して現存体制の保持と維持を図ろうとするということである。このため、公教育は保守性と統制性を有するが、それは同時に、改革性と進歩性をもつ（もたざるをえない）ということである（権力は国民統治の手段である「教育に関する権限（教育権）」と「軍事に関する権限（軍事権）」とを決して離さない、離すときはその権力が崩壊するときであるというが、この言説は現実の政治や教育を説明する場合にも説得力があると考える）。

第5は、政治権力（政権）が統治権限を正当化する根拠は、普通、議会制民主主義制、一党独裁制、その他であるということである。

議会制民主主義制の下では、国民の多数意志は選挙による当選議員数に表され、国及び自治体の（教育政策を含む）政策は原則として議会における多数決原理によって決定されることになる（これについては、第5章で論じる）。

一党独裁制では、一党のみが国民（の意思）を代表すると考える政治制度である。

第6は、国の教育制度（および政治制度）がよいかどうかは、最終的にはその教育と政治の制度の下で生きる主権者国民の判断に任されているということである（人格主義は、ロシア、中華人民共和国、朝鮮民主主義人民共和国においては、その憲法の規定にもかかわらず、「学ぶ権利」は保障されないのではないかと考える。人格主義は、すべての人々の経済的保障と精神的自由の保障とを最も重要な条件と考えるからである）。

第7は、どの国の憲法も「教育を受ける権利」を規定しているが、国民の「学ぶ権利」を明記した憲法はないということである。

子ども（人間）は本源的に「知りたい」、「読み書きしたい」、「計算できるようになりたい」、「分かりたい」という「学び」の欲求を持ち、それに応えるシステムを創設することを親や社会に求めているはずであるのに、長らく渋っていた社会の支配者層は、「学び」の欲求に対する責任をすりかえて、自らに都合のよい「教育を受けさせる」というシステムを考え出したのではなかろうか。むしろ筆者は、「教育を受ける権利」保障を超えて、子どもの「学びの欲求」「学びの自由と権利」に応える新しいシステムの構築こそ人類の究極の課題であるのではないかと考えている（この課題への接近が、本書の目的でもある）。

3　日本国憲法26条の「教育を受ける権利」の性格

(1)　憲法26条の「教育を受ける権利」のしくみ

本節では、日本国憲法における「教育を受ける権利」規定のしくみと特色について考察していくことにする。

現代日本の公教育制度のあり方を定めた主たる規定が、先にみた日本国憲法26条である。同条は、すべて国民は「教育を受ける権利」を有すると規定しているが、その公教育制度のしくみをよくよく考えてみれば、国民の「教育を受ける権利」を保障するために義務を負う国家（政府）が、その義務を果たすために教育政策を策定し、国会の審議で承認された教育施策を執行する権限を有するというものである。これでは、国民は「教育を受ける権利」を有すると規定されていながら、いつの間にか、国民は「教育を受ける義務」を有する（または、義務を負う）ということになってしまっている。そして、このしくみを合法化しようとする政治理論が、多数決原理、または議会制民主主義論である[43]。

かつて田中耕太郎は「教育をなす権利は両親のみが有するものではない。義務教育に関する憲法第26条第2項の反面からして国家に教育する権利が認められることになる[44]」と書いた。同主張は、その後の教育裁判の判決において「国家の教育権」の根拠とされたりしたが、その「反面解釈」論は多くの研究者から批判されたこともあって、いつの間にか姿を消したようである。それに代わって、今日、国側からしきりに主張されているのが議会制民主主義論である（議会制民主主義論については、つぎの第3章を参照されたい）。

ともあれ憲法上、国民は「教育を受ける権利」を有するのであるが、その実体は、国が策定した教育施策を国民が「受ける義務」を負うという仕組みになっている。それゆえに、憲法26条に「教育を受ける権利」が規定されたことをもって、同条が「学習権の実定法的規定であり、子どもの学習権が……現実的かつ有効な権利として認められた」と読み込むことには、慎重さを要すると考える。

（2） 憲法26条はプログラム規定

日本の場合、憲法26条規定が社会権的規定・プログラム規定と理解されている（日本の場合と断ったのは、先に例示した世界の国々の憲法における「教育を受ける権利」の規定の法的性格について筆者が詳しく知り得ないから、そう限定したのであるが、各国もその文言が「教育を受ける権利」という規定から判断して、日本国憲法と同じくプログラム規定と理解されているのではないかと推察する）。

日本の憲法学界の通説（多数派）によれば、憲法25条、憲法26条、憲法27条、憲法28条の４カ条は社会権規定であるという。社会権とは、国家の干渉を排除するという自由権とは異なり、国家による生活の配慮を要求する権利、つまり、国民が国家に対して権利の実現のための施策を求める要求権である(45)。

この枠組みに従えば、「すべて国民は、健康で文化的な最低限度の生活を営む権利」（憲法25条）を有するが、その文化的側面の保障が「すべて国民は、法律の定めるところにより、その能力に応じて、ひとしく教育を受ける権利」（憲法26条）で、経済的側面の保障が「すべて国民は、勤労の権利」（憲法27条）、「勤労者の団結する権利及び団体交渉その他の団体行動をする権利」（憲法28条）であるということである。

さらにこれらの条文を体系化すれば、「すべて国民は、健康で文化的な最低限度の生活を営む」（傍点は筆者）ために、「教育を受ける権利」と「勤労の権利」と「勤労者の団結権と団体行動権」とが保障されるに過ぎないと読み込まれる危険性すらある。これでは、最悪の場合、貧民救済、恩恵としての社会福祉・教育・労働施策に甘んじることさえ覚悟しなければならない(46)。

もっとも社会権にも自由権としての側面があること、人権の基礎にある個人の尊厳の原理に資する権利であることが看過されてはならないこと、社会権が決して国家の恩恵ではなく、国民の「権利」であり、社会権の実現が国家の義務であることを確認していくことが必要であると説く学説もあるが(47)、その学説でさえ、「社会権を具体化する国の施策に対して裁判所がコントロールを及ぼすことはきわめて難しくな（る）(48)」と悲観的である。そのような不安定な性格の規定である憲法26条に果たして「学習する権利（学習権）」ないし「学ぶ権利」の保障を求めることが現実的かつ適切であると言えるのであろうか。率直に言って、躊躇する。

（3）「教育を受ける権利」規定に「学ぶ権利」をどう読み込むべきか

筆者は先に、憲法26条の「教育を受ける権利」規定に「学ぶ権利」を読み込むことについては躊躇すると書いた。その主な理由は、つぎの3つである。

第1は、憲法26条の教育規定は、他の国々の憲法における教育規定と同じく、公教育の歴史に規定された条項であって、国（政府）による公教育の管理統制を主旋律としているということである。

憲法26条の規定に基づく日本の教育は、実態的には、大資本階層と富裕階層の支持する政権（自民党と公明党の連合政権）が策定する教育政策である「人材育成」の教育を遂行することに本質を有し、国民の多数を占める庶民の要求する「（人間諸能力の全面的調和的最大限の成長と発達した）人間形成」の教育をほとんど無視しているということである。国民・庶民は「幸福追求」をめざして「人間形成」の教育を国に要求することを諦めてはいけないが、その道は安易ではないということを覚悟しなければならない。

第2は、先に触れたが、憲法25条、憲法26条、憲法27条、憲法28条の4カ条は社会権規定であり、その保障を求めても、その壁は高いということである。

例えば、憲法25条の定める「健康で文化的な最低限度の生活」とは何か、国家が果たす役割は何かを巡っていくつかの裁判が起こされた。しかし、朝日訴訟（1967年7月）や堀木訴訟（1982年7月）に見られるように、最高裁判所は一貫して「健康で文化的な最低限度の生活」の判断について、前者は政府（厚生大臣の判断）に、後者は国会（立法府）の裁量に委ねられるとして、訴えを退けてきた。

憲法25条の文化的側面の保障である憲法26条が規定する「教育を受ける権利」と「教育の機会均等」も「健康で文化的な最低限度の生活」の判断の域を出るものとは考えにくいと類推してよいであろう。

事実、日本の教育政策は驚くほど貧しいのである。例えば、OECD（経済協力開発機構）が2021年9月16日に発表した調査結果は、つぎのように言っている。

「2018年の初等教育から高等教育の公的支出が国内総生産（GDP）に占める割合」で、『日本』は、4・0％と比較可能な37か国中で最下位から8番目。OECD諸国平均は4・9％、EU22か国平均は4・4％だった。

教育立国と言いながら、日本政府は、国民の公教育に恥ずかしいほど少額の公的支出しかしていないのである。

それでも、日本の教育が、多くの問題を含みつつも、質・量ともにこれほどまで発展してきているのはなぜか。それは、政府（国）の力によるのではなく、子どもの健やかな成長と発達と子どもの幸福とを願って努力を積み重ねてきた国民大衆の力であったということである。国民大衆は、戦後、日本国憲法（1946年11月3日公布）と旧・教育基本法（1947年4月1日公布）の精神に則って、子どもたちの教育の機会の拡大と教育内容の充実とを要求し、実現してきたのであった。

この教育運動を理論的に支えてきたのが、いわゆる堀尾の主張する「学習する権利」を中核とする「国民の教育権」論であった。そして、その「国民の教育権」論がその絶頂期を極めたのが、東京地裁の第二次教科書裁判の判決（いわゆる杉本判決、1970年7月17日）であった。

第3は、最高裁判所の高い壁である。「国民の教育権」論を覆して、国家の教育権論を承認したのが、最高裁大法廷の北海道学テ事件判決（1976年5月21日）であった。この壁をどう崩すかが課題である。

そこで次章で、学テ最高裁大法廷判決について考察することにする。

注

(1) 全般的な資料としては、①梅根悟『世界教育史』新評論、1957年、②梅根悟編『世界近代教育史』黎明書房、1962年、③梅根悟監修、世界教育史研究会編『アメリカ教育史Ⅰ』世界教育史体系17、講談社、1975年、④同前編『義務教育史』世界教育史体系28、講談社、1972年。

フランスについては、①渡辺誠『フランス革命期の教育』福村出版、1952年、②コンドルセ、渡辺誠訳『革命議会における教育計画』岩波文庫、1949年、③コンドルセ、松島鈞訳『公教育の原理』世界教育学選集、明治図書、1962年、④タレイランほか、志村鏡一郎『フランス革命期の教育改革構想』世界教育学選集、明治図書、1972年、⑤コンドルセほか、阪上孝編訳『フランス革命期の公教育論』岩波文庫、2002年、⑥阪上孝「フランス革命における知識と秩序」『人文学報』1992年、70号、23—58頁、⑦中谷彪「コンドルセの教育論」『国民の教育の自由』泰流社、1974年、138—187頁、⑧遅塚忠躬『フランス革命——フランスにおける劇薬』岩波ジュニア新書、1997年を参照。

アメリカについては、①R・F・バッツ・L・A・クレメン、渡部晶ほか訳『アメリカ教育文化史』学芸図書、1977年、②R. Freeman & Butts, L. A. Cremin, *A History of Education in American Culture*, 1953, ③川崎源『ホーレス・マン研究——アメリカ公立学校発達史』理想社、1959年、④ホーレス・マン、久保義三訳『民衆教育論』世界教育学選集、明治図書、1960年、⑤柳久雄編『アメリカ教育史Ⅰ』梅根悟監修・世界教育史大系17、講談社、1975年、⑥南新秀一『アメリカ公教育の成立――19世紀チューセッツにおける思想と制度』ミネルヴァ書房、1999年、⑦久保義三『教育の経済的生産性と公共性――ホレース・マンとアメリカ公教育思想』東信堂、2004年、⑧L・A・クレミン、中谷彪・岡田愛訳『アメリカ教育の真髄』晃洋書房、2021年、⑨D・B・タイアック、中谷彪・岡田愛訳『アメリカ都市教育史――The One Best System』晃洋書房、2022年、⑩David B. Tyack, Some Models For Interpreting The History of Compulsory Schooling, Paper presented at the Annual Meeting of the American Educational Research Association (Washington, D. C., April 1975)、⑪Michael S. Katz, *A History of Compulsory Education Laws* (The Phi Delta Kappa Educational Foundation, 1976) 等を参照。ここでは、イギリス、ドイツについては扱わなかった。

なお、日本の近代公教育の構造とその本質ついて、筆者は、今のところ、つぎのように捉えている。

日本の公教育制度は1872(明治5)年に出発するが、その基本構造は、「学制布告書」に、「自今以後一般の人民(華士族農工商及婦女子)必ず邑に不学の戸なく家に不学の人なからしめん事を期す人の父兄たるもの宜しく此意を体認し其愛育の情を厚くし其子弟をしてかならず学に従事せしめさるべからさるものなり(高上の学に至ては其人の材能に任すといへとも幼童の子弟は男女の別なく小学に従事せしめさるものは其父兄の越度たるべき事)」とあるように、「四民平等」の立場から人民の子弟の小学への就学を強制するものであった。しかも、その小学は、大中学とともども、「学制」の第1章で「全国ノ学政ハ之ヲ文部一省ニ統フ」と明記されているように、文部省の管轄下に置かれるようになっていた。ここで日本の近代公教育の基本構造が定まった。

この公教育制度は、それまで庶民の伝統の中に存在していた「子やらい」等の子育ての思想と実践とを取り上げて、明治政府が「人民」(国民)を教育(教化)する権利を独占したことを意味していた。やがて明治政府と、やがてそれを支えるまでに育った企業家・資本家・大地主たちは、自分たちが「必要とする人材」を育成するために学校教育を管理運営し始めた。

当時の政府が「必要とする人材」とは「富国強兵」と「殖産興業」とに必要な〝人材育成〟であった。その人材育成の方向を具体化したのが、学校制度としては各学校令(1886年)で、徳目としては「教育勅語」(1890年)であった。

以上から言えることは、日本の公教育制度が、その成立期から、真の意味での子ども(国民)の〝人間形成〟を考慮した制度でなかったこと、また、今後もそれは当分望みえないであろう、ということである。

(2) 前掲『世界教育史』361頁(前掲『世界教育史』新評論、1967年も同じ361頁)。

同書は、「義務教育制度は、いわば資本家の利益と賃労働者の利益、そしてその子供たちの幸福を考え、主張する立場の、いわば交差点に生まれた制度であった」と巧みな表現をしたが、今日では、その「交差点」が平面交差なのか、立体交差なのか、それとももっと複雑な交差点なのかが問われなければならないであろう。筆者は、その「交差点」を、〝利益至上主義の資本家や権力者たちの支配と統制の教育観(強制押し付け教育・義務教育・慈恵的恩恵的教育)〟対〝真実を知り、学び、幸福に生きたいという人間の根源的な欲求(自然権としての学習する権利)〟との「戦いの場」と捉えたい。しかも、この「戦い」は今も続いている、と。

(3) 渡辺誠『フランス革命期の教育』福村出版、1952年、55頁。

(4) 同前、11頁、55—112頁。Butts & Cremin, op. cit., p. 190. 前掲、渡部晶ほか訳『アメリカ教育文化史』、215—216頁参照(訳文は、部分的に適宜修正した。以下、同じ)。

(5) 前掲『フランス革命期の公教育論』、11頁。

(6) 同前、11頁。

(7) 前掲『公教育の原理』、179—203頁、および野田良之『教育の理想——コンドルセの民主主義教育論』弘文社、1950年、151—159頁も参照した。

(8) 前掲『フランス革命期の公教育論』153—154頁。

(9) 同前、403—405頁。なお堀尾は、「フランス革命期の諸憲法には、『教育はすべてのものに不可欠のもの』……が規定された。ここには、『教育を受ける権利』という明確な表現はみられないが、しかし、その精神において同一のものとみなすことができよう」(堀尾『人権としての教育』、165頁)と主張するが、筆者の理解は少し異なる。

(10) 宮原誠一『教育学ノート』河出新書、1956年、18—27頁、とりわけ20—21頁の文章が簡潔で参考になる。フランスの今日の法制については、注57の記述を参考にされたい。

(11) Butts & Cremin、op. cit., p. 241. 前掲、渡部晶ほか訳『アメリカ教育文化史』、２７７—２７８頁。

(12) 前掲『民衆教育論』13頁。

(13) Jessica Kross, ed. *American Eras: The colonial Era 1600-1754* (A Manly, Inc., Book, 1998), p. 168. 本条清二「アメリカにおける教育の始まり（植民地時代）」『武庫川女子大学紀要』46号、２０１０年、前掲『教育の経済的生産性と公共性——ホレース・マンとアメリカ公教育思想』、41頁参照。

(14) Butts & Cremin, op. cit., p. 101. 訳書、１１４—１１５頁。

(15) Ibid., p. 101. 訳書、１１５頁。

(16) Ibid., p. 102. 訳書、１１５—１１６頁。Massachusetts Educational Low of 1642 については David B. Tyack ed., *Turning Points in American Educational History* (Blaisdell Pub. Co, 1967), pp. 14-15を参照されたい。なお、１６４２年法、１６４７年法、ハーバード大学の創設については、サムエル・モリソン、西川正身翻訳監修『アメリカの歴史 I』集英社文庫、１９９７年、１５７—１６２頁も参考になる。

(17) Butts & Cremin, op. cit., p. 102. 訳書、１１６頁。

(18) Massachusetts Educational Low of 1647 については、David B. Tyack ed., op. cit., pp. 15-16. 他のニューイングランドの植民地は、ロードアイランドを除いて、やがてこの方式に従った。そして、学校の設置を怠りがちな町を督励するために、罰金額を増加するなどの付属法を可決した。Butts & Cremin, op. cit., pp. 102-103. 訳書、１１６—１１７頁参照。

(19) Butts & Cremin, op. cit., p. 102. 訳書、１１５—１１６頁。

(20) 津布楽喜代治は、このニューイングランドの義務教育制度について、アメリカの教育史家は、「１６４７年法は、その後の多くの法令のモデルであり、われわれのすべての学校法の母と見なされるであろう。それは、最も純粋な民主主義のあらゆる要素を含んでいた」（デクスター、E. G. Dexter, *A History of Education in the United States*, Macmillan, 1904, p. 34)、「それは、今日存在している公教育制度の輪郭を完成した」（ヒンスデール、B. A. Hinsdale, *Horace Mann and the Common School Revival in the United States*, W. Heinemann, 1898, p. 5)、「42年法および47年法は、後に構築されたアメリカ公立学校制度の礎石を表わすものである」（カバリ、E. P. Cubberley, *Public Education in the United States*, 1919, 1947, p. 18）とたたえている、と紹介している（梅根悟監修・世界教育史研究会編『アメリカ教育史1』世界教育史大系17、講談社、1975年、18—19頁、引用英書は筆者が一部修正して転記した。筆者は取りあえずNewton Edwards and Herman C. Richey, *The School in The American Social Order*, Houghton Mifflin, 1947, 1963, pp. 53-58を追加するが、この点を指摘した著書は他にも多数あると思われる。

(21) Butts & Cremin, op. cit., p. 102. 訳書、115—116頁。

(22) ただし、18世紀が進展するにつれて植民地政府は、義務教育を要求する努力をゆるめて、私的団体に彼ら自体の好みの学校で子供たちを教育するように寛大な自由（私立学校の自由）を与えた。また、各町に対し、学校の直接指導と経営をするために町を小地域に区分する権利を与え始めた。教育行政の地方分権化の過程の始めである。この傾向は、18世紀後半から19世紀初期に辺境が西方にのびるにつれて、学校行政の地区制度化が広がり、最後にはアメリカの大部分に行きわたるようになる（Butts & Cremin, op. cit., pp. 103-1042. 訳書、117—118頁参照）。

(23) 前掲『アメリカ教育史1』、150頁以下。

(24) L. A. Cremin, *The Genius of American Education*, 1965, p. 3（中谷彪・岡田愛訳『アメリカ教育の真髄』2頁）。

(25) ホーレス・マンとマサチューセッツ州義務教育法の成立の過程については、多数の優れた研究が蓄積されてきている。本書では以下の研究を参照にした。前掲『世界教育史』、前掲『教育の経済的生産性と公共性』、前掲『民衆教育論』、F. Butts & L. A. Cremin, op. cit., 前掲、渡部晶ほか訳『アメリカ教育文化史』など。

(26) マンは教育長就任を受諾した日（1834年7月1日）の日記に、「今や私は世界にたいし新しい関係にたっている。今までのような勤務や責任は解除されるが、しかし、より高い、より重要な責務が以前の地位にとって代わるのである。この職にある限り、私は、地上の人類の最高の福祉に自己をささげることとなる」と書き、妹への書簡で「他の人たちも私にたいし、政治的に高い、また経済的にも有利な職を捨てることは、本当につまらないことではないかと言っています。しかし、私は子どもたちの教育を通じて無知、偏見、バーバリズムを除去し、子どもの福祉のたに、また社会人類のために微力を尽くしたいと考えているのです」と、その決意を書いている。前掲『教育の経済的生産性と公共性』、105―106頁。

(27) 全12冊の年報の各年度ごとの内容要旨については、前掲『ホレース・マン研究――アメリカ公立学校発達史』の第5章（143頁～）が参考になる。マンの活動の全容を知るには、Mann, Mary Peabody, *Life and works of Horace Mann*（Boston: Walker, Fuller, Vol. I-V, 1865, Lee & Shepard, 1891）がある。

(28) Horace Mann, *Tenth Annual Report, 1846*, p. 112.

(29) 例えば、久保義三も自然法としてすべての人間が「教育をうける絶対的権利」をもっていると訳している（前掲『民衆教育論』、18頁）。筆者としては、この傍点部は、本来、日本国憲法26条における「教育を受ける権利」の英文表記が 'right to receive education' であること、ここでは主語が「すべての人間」であること、「すべての人間」の中には、子どものみならず、親と教師と主権者国民をも含むものであることから、「すべての人間」が「教育に対する絶対的な権利」を有するという意味に解する方が適切であると考える。

しかし当時、マンはそこまでは考えていなかったと考えられるので、「教育を受ける絶対的権利」と訳した。

(30) マンは、つぎのようにも言っていることも注目に値しよう。

「知的および道徳的訓練にたいする権利は、少なくとも普通には子どもが就学するそのような早い時期にはじまるのである。したがって、その時期において、廃棄することのできない自然法によって、すべての子どもは、その教育のために必要とされるだけ多くの財産を社会から継承するのである。かれは、これを土地や金、銀の財産形態でなく、知識の携帯や善良なる態度への訓練という形態でうけるのである。これは、次の世代に対し現世代の財産を移行させるうえでの1つの段階である。」（前掲『民衆教育論』、34頁）。

(31) Horace Mann, *Tenth Annual Report, 1846*, p. 113.

(32) Ibid., p. 113.

(33) Ibid., p. 112.

(34) Ibid., p. 113.

(35) Fifth Annual Report of Board of Education, 1984, pp. 77-116, 前掲『民衆教育論』、48―96頁、前

掲『教育の経済的生産性と公共性』、124―180頁、前掲『世界教育史』、355―356頁。

(36) *Eleventh Annual Report of the Board of Education*, 1847, p. 88.

(37) Ibid., p. 88.

(38) 前掲『教育の経済的生産性と公共性』、228―289頁。前掲『アメリカ教育史1』、154―156頁参照。

(39) 前掲『アメリカ教育史1』、157頁。

(40) 前掲『世界教育史』、357―358頁。

(41) 前掲『現代教育の思想と構造』、311頁、同『人権としての教育』、172頁。

(42) 出典は、①永井憲一監修・国際教育法研究会編『教育条約集』三省堂、1989年、「附録　各国憲法の教育・文化規定」、②姉崎洋一ほか編『教育六法』三省堂、2018年版、「各国憲法の教育関係条項」、③ロシア憲法はオリガ弁護士訳HPより。できるだけ適宜、最新の憲法を引用するように心掛けた。

なお、フランスにおいては、子どもの教育を受ける権利は、憲法では明文化されていなかったが、1989年新教育基本法（ジョスパン法）第1条で「教育への権利」として、つぎのように規定されている。

「教育への権利は、人格を発達させ、初期及び継続教育の水準を高め、社会生活及び職業生活に参入し、公民権を行使することを可能にするために、一人ひとりに保障される。」

(43) その典型的な事例が、教科書裁判杉本判決（1970年7月17日）後に示したつぎの文部省初等中等教育局長の通達（1970年8月7日）である。

「現憲法下の国家は、主権者である国民の信託を受けて国政を行っているのであり、国民と国家とは対立的な関係にあるものではない。公教育もまた、国民の意思にもとづき国民の付託を受けて行なわれるものであって、教育行政機関は法律の定めるところにより国民の教育意思を実現する権限と責任を負うものである。すなわち、憲法26条は、国民の教育を受ける権利を保障し、これを法律の定めるところにより十全に実現すべく求めているのであって、国は、この権利を積極的に保障する責務を負い、この責務を果たすために、国民の合意により、教育基本法、学校教育法等を定め、これに基づき適切な教育内容を確保し、教育水準の維持向上を図るため、教育課程の基準を定め、教科書の検定を行なっているのである。」（教科書検定訴訟の第一審判決について（通

知）、「杉本判決に対する文部省通達（全文）」、『教科書裁判・法律時報増刊　増補版』日本評論社、１９７０年12月25日、資料／教科書裁判、１８６頁。）

ここで前提としている「国民と国家とは対立的な関係にあるものではない」は、明らかにフィックションである。実態に多くの問題があるとしても、制度としては認めざるを得ない。デモクラシーの政治制度においては、議会制民主主義による多数決支配にも限界があることをわきまえなければならない。

なお、この通達が注で付しているのが岩教組学テ事件の仙台高裁判決（44. 2. 19）の下記の箇所である。

「公教育は、国家が国民からその固有の教育権の付託を受けて、国民の意思に基づき国民のために行われるべきものであり、これを達成せしめるためには、国民の総意を教育に反映させる必要があるのであるが、現にみる如く、価値観の崩壊、分裂により、国民の間に教育理念や目的につき見解の鋭い対立がある場合、国民の一般的教育意思を適法な手続的保障をもって反映し得るものは、議会制民主主義のもとにおいては国会のみであり、そこで制定された法律にこそ国民の一般的教育意思が表明されているものというべく、したがって、右法律に基づいて運営される教育行政機関が国民の教育意思を実現できる唯一の存在であって、他にこれに代わるべきものはないのであり、他方、教育実施に当る者は、かかる教育行政の管理に服することによって、国民に対し責任を負うことができるからである。」（同前、１８７頁。）

(44) 田中耕太郎『教育基本法の理論』有斐閣、１９７１年、１５０頁。田中の教育思想に影響を与えているのが、カトリックの神父・ハンス・ヘルヴェク『教育の根本問題』（エンデルレ書店、全２３１頁、１９４７年）であるようである。

(45) 法的性格としてはつぎのような説がある。積極的権利（佐藤幸治『憲法』現代法律学講座、青林書院新社、１９８１年、４２６頁）、社会権（芦部信喜『憲法（第５版）』岩波書店、２０１３年、２６４頁）、社会権（高橋和之『立憲主義と日本国憲法（第２版）』有斐閣、２０１０年、２９０頁）、社会権（奥平康弘・杉原泰雄編『憲法を学ぶ――いまなぜ憲法をまなぶか（第３版）』有斐閣、２０００年、１４６頁）。やや古いところでは、生存権的基本権（我妻栄「基本的人権」『国家学会編・『新憲法の研究』（有斐閣、１９４７年、64頁）等がある。

(46) 憲法26条の貧民救済恩恵福祉政策に依拠する教育・教育行政を克服するために、宗像誠也の「憲法26条から出発する教育行政学」(宗像誠也『教育行政学序説・増補版』有斐閣、1969年、232頁)構想、塩尻公明の人格主義思想にヒントを得て、憲法13条から出発する教育権論を構築しようとしたのが拙稿「国民の教育権保障の法的構造――幸福追求権としての教育権論構築のために」『甲子園短期大学紀要』第3号、1972年(後に拙著『国民の教育の自由』泰流社、1974年に収録)であった。

(47) 例えば、前掲『憲法を学ぶ』、146―148頁。特集「『社会権』の再検討」『法律時報』日本評論社、1970年1月号(通巻第505号)。

(48) 前掲『憲法を学ぶ』、147頁。

第3章　学テ最高裁大法廷判決の一考察

1976年に下された学テ最高裁大法廷判決（以下、学テ最高裁判決）は、教育権論争においても決定的な役割を果したと考える。しかし、この判決の読み方において、筆者は従前から複数の国民の教育権論者の読み方に違和感を抱いてきた。この判決の理論を止揚克服せずして、国民の教育権論、および人格主義の主張する「学ぶ権利」論は構築しえないと考える。

1　学テ最高裁大法廷判決の分析

(1)　判決の核心部分

学テ最高裁判決は、15人の「裁判官全員一致の意見によるものである」という。判決文そのものはかなり長文であるが、判決の核心は「教育内容の内容を決定する権限は誰にあるか」にあるので、その問題に関する見解の要点部分を以下に引用する。

「親の教育の自由は、主として家庭教育等学校以外における教育や学校選択の自由にあらわれるものと考えられるし、また、私学教育における自由や前述した教師の教授の自由も、それぞれ限られた一定の範囲においてこれを肯定するのが相当であるけれども、それ以外の領域においては、一般に社会公共的な問題について国民全体の意思を組織的に決定、実現すべき立場にある国は、国政の一部として広く適切な教育政策を樹立、実施すべく、また、しうる者として、憲法上は、あるいは子ども自身の利益の擁護のため、あるいは子どもの成長に対する社会公共の利益と関心にこたえるために、必要かつ相当と認められる範囲において、教育内容についてもこれを決定する権能を有するものと解せざるをえず、これを否定すべき理由ないし根拠は、どこにもみいだせないのである。もとより、政党政治の下で多数決原理によってされる国政上の意思決定は、さまざまな政治的要因によって左右されるものであるから、本来人間の内面的価値に関する文化的な営みとして、党派的な政治的観念や利害によって支配さるべきでない教育にそのような政治的影響が深く入り込む危険があることを考えるときは、教育内容に対する右のごとき国家的介入についてはできるだけ抑制的であることが要請されるし、殊に個人の基本的自由を認め、その人格の独立を国政上尊重すべきものとしている憲法の下においては、子どもが自由かつ独立の人格として成長することを妨げるような国家的介入、例えば誤った知識や一方的な観念を子どもに植えつけるような内容の教育を施すことを強制するようなことは、憲法26条、13条の規定上からも許されないと解することができるけれども、これらのことは、前述のような子どもの教育内容に対する国の正当な理由に基づく合法的な決定権能を否定する理由となるものではないといわなければならない。」(傍点は筆者、以下同じ。)

「教基法第10条は、国の教育統制権能を前提としつつ、……教育に対する行政権力の不当、不要の介入は排除されるべきであるとしても、許容される目的のために必要かつ合理的と認められるそれは、たとえ教育の内容及び方法に関するものであっても、必ずしも同条の禁止するところではないと解するのが、相当である。」

「本件当時の中学校学習指導要領の内容を通覧するのに、おおむね、中学校において地域差、学校差を超えて全国的に共通なものとして教授されることが必要な最小限度の基準と考えても必ずしも不合理とはいえない事項が、その根幹をなしていると認められるのであり、その中には、ある程度細目にわたり、かつ、詳細に過ぎ、また、その、必ずしも法的拘束力をもって地方公共団体を制約し、又は教師に強制するに適切でなく、また、はたしてそのように制約し、ないしは強制する趣旨であるかどうか疑わしいものが幾分含まれているとしても、右指導要領の下における教師による創造的かつ弾力的な教育の余地や、地方ごとの特殊性を反映した個別化の余地が十分に残されており、全体としてはなお全国的な大綱的基準としての性格をもつものと認められるし、また、その内容においても、教師に対し一定の理論ないしは観念を生徒に教え込むことを強制するような点は全く含まれていないのである。それ故に、上記指導要領は、全体としてみた場合、教育政策上の当否はともかくとして、少なくとも法的見地からは、上記目的のために必要かつ合理的な基準の設定として是認することができるものと解するのが、相当である。」

この判決は、言い古された教訓や納得しがたい言い訳を延々と説くが、傍点を付した文章に示されている通り、議会制民主主義に立脚した公教育制度論であり、国の教育統制権能を前提とした教育行政権力の行使の承認、つまり、国の教育の内容及び方法に関する権能を承認したものである。それは、取りも直さず、現行政府の教育政策・教育行政を是認したものである。

（2）公教育の歴史に則した判決と対応

筆者は、第2章における近代公教育の史的考察、および諸外国の憲法における「教育を受ける権利」の規定から考えても、国家の公教育制度で、国家が公教育に対して管理責任を負わないなどということは考えられないこと、それゆえに最終的には、義務を負うことをも含めて、国家に教育権があると結論したことは、当初から予想されていたこととはいえ、ある意味で、当然の判決であったと考えている。それゆえに筆者は、同判決でこれまでの教育行政にお墨付きを得て安堵している当時の文相（永井道雄）のつぎの談話を、それなりに理解することができる。

「本日の判決では、……学力調査は合憲、適法であるとされた。このことは、文部省が従来からとっている憲法及びこれらの法律の解釈の正しさを改めて確認するとともに、国の教育行政に対する責任を明らかにしたものである。文部省としては、教育の一層の充実、発展を図るため、今後も引き続き、法律に基づいた適正な教育行政を推進していく所存である。(1)」

ついでにいえば、当時東京大学法学部の教授であった伊藤正巳（後に最高裁判事に就任）が、この教育権を巡る論争を「不毛の憲法論」と見下し、「憲法や教育基本法が、その正当な役割にもとづく合理的な決定権能をも否定したとは考えられない。最高裁の考え方はこの線にそうものであり、……私としては最高裁の考え方が正当と考える(2)」と述べ、さらに、つぎのような説教を説くに至っては、判決の無意味な「良識」の上塗りであると考える。

「本判決は、最高裁らしい良識にうらづけられた妥当な判決であると評することができる。……最高裁は、……教育にかかわる重要な問題を扱うにふさわしく、問題を黒白ではっきりと分けることなく、穏当な態度で判断を下したことは評価されてよい。教育の関係者は、いたずらに、この訴訟の勝敗にとらわれることなく、この判決に示されたものをくみとって、正しい教育の実現に努力すべきであろう。……教育権論争も理論的に意味がないではないが、不毛の憲法論ではなく、子どもの学習の権利の充実のためにいかなる教育が望ましいかを、教育に関係する者のすべてが、親をも含めて、この最高裁判決を機に考えてみることができるとすれば、この判決の意味はいっそう高まるであろう。(3)」

「子どもの学習の権利の充実のためにいかなる教育が望ましいか」を考えているからこそ、こうした訴訟が生起していることに、伊藤は気がついていない。

しかし筆者が衝撃を受けているのは、信頼も尊敬も寄せている国民教育権論の人たちが、自分たちの主張をほとんど否定したと考えられる学テ最高裁判決について、筆者の想定を超えた甘い読み取り方をしていることに対してである。

そこで以下では、国民教育権論者たちの読み取り方に対して疑問に感じる箇所を提示してみることにしたい。それは、多くの場合、筆者の判決に対する批判でもある。

2　国民教育権論者の読み取り方への疑問

(1)　判決は玉虫色という読み取り

第1の疑問は、学テ最高裁判決は玉虫色という読み取りについてである。

判決当日の『朝日新聞』（1976年5月21日、夕刊）は同判決を「評価両様の〝玉虫色〟」と表記し、兼子仁は「きわめて複合的な内容をもち、いわゆる玉虫色である」ことから、「異なる読みとり方・理解の余地を残している」と指摘した。(4) マスコミは〝玉虫色〟と報道しても許されてもよいであろうが、それに同調して国民教育権論者のリーダーの一人である兼子が判決を「玉虫色である」と言ったり、「異なる読みとり方・理解の余地を残している」と言ったりすることは、敗退を転戦というように等しい表現ではないかと思う。筆者は、判決は、一部の記述に疑義があるが、結論は冒頭に引用したように、明快であると考えている。

ちなみに文部省（現在は文部科学省）側は、判決を「玉虫色の判決」であるなどとは言っていない。それどころか文部省は、先にみたように、判決を「文部省が従来からとっている憲法及びこれらの法律の解釈の正しさを改めて確認するとともに、国の教育行政に対する責任を明らかにした」（先の文相談話、同旨、諸沢正道初等中等教育局長の意見）と言っていた。そこに何の反省の言葉も見当たらないのが気になるが、最高裁大法廷が現行の教育行政を適法と是認してくれたのであるから、じたばたせず正々堂々としていてよかったのである。

しかし、国民教育権論者側が「玉虫色の判決」であると言い、「異なる読みとり方・理解の余地を残している」と解することは、有益であるというよりも、むしろ有害であるように思う。なぜならば、それは、敗北を認めないことであり、自分たちの陣営の理論の欠陥を反省せずに固執することであり、ひいては新しい理論構築への努力を放棄することにもなると危惧するからである。

ちなみに、その後に生じた、または、生じていると思われる現象を指摘しよう。

1つは、判決の国民の教育権説的読み方が、その後、文部省の教育政策や教育行政に抑制の影響を与えることができなかったのではないかということである。

教育基本法の全面改悪、教科書検定制度の改悪、教員の長時間勤務の状態……など、劣悪で貧弱な教育政策と教育行政が次々と強行され、どう甘く見ても、教育行政が抑制的になったとは思えないことである。

2つは、堀尾理論を中核とする国民の教育権論をほぼ否定した判決であるのに、堀尾と兼子の理論を継承発展させる次の若きリーダーが育っていないという状況である。

筆者は寡聞にして、その後、斬新で革命的な国民教育権論が提唱されたという話は知らない。今、求められているのは、堀尾と兼子の理論のエピゴーネンではなく、新境地を開拓する、かつての堀尾・兼子のような若きリーダーたちである。

3つは、若手研究者の間には、教育権論争は最高裁判決で決着し、教育権の研究はもはや終結してしまったという雰囲気すら濃厚であることである。

昨今の研究動向に疎い筆者であるが、今こそ、若い研究者たちが教育権研究に取り組まれることを熱望する次第である。

早々に願望を述べる形になったが、以下、判決の読み方についての筆者の疑問を提示していくことにしたい。

(2) 判決は子どもの「学習する権利」を認めているか

第2の疑問は、学テ最高裁判決は子どもの「学習する権利」を認めているかどうかの検証である。以下が、判決文の当該の箇所である。記述上、①と②に二分する。

①「この規定（注・憲法26条）の背後には、国民各自が、一個の人間として、また、一市民として、成長、発達し、自己の人格を完成、実現するために必要な学習をする固有の権利を有すること、特に、みずから学習することのできない子どもは、その学習要求を充足するための教育を自己に施すことを大人一般に対して要求する権利を有するとの観念が存在していると考えられる。換言すれば、子どもの教育は、教育を施す者の支配的権能ではなく、何よりもまず、子どもの学習をする権利に対応し、その充足をはかりうる立場にある者の責務に属するものとしてとらえられているのである。」

②「しかしながら、このように、子どもの教育が、専ら子どもの利益のために、教育を与える者の責務として行われるべきものであるということからは、このような教育の内容及び方法を、誰がいかにして決定すべく、また決定することができるかという問題に対する一定の結論は、当然には導き出されない。すなわち、同条が、子どもに与えるべき教育の内容は、国の一般的な政治的意思決定手続によって決定されるべきか、それともこのような政治的意思の支配、介入から全く自由な社会的、文化的領域内の問題として決定、処理されるべきかを、直接一義的に決定していると解すべき根拠は、どこにもみあたらないのである。」

判決文で、筆者が付した傍点部分が、読みとり方として特に争点となる箇所である。

有力な解釈の1つは、「教育を受ける権利」の内実は学習権の保障であると提唱してきた堀尾輝久の理解である。堀尾は判決2カ月後に刊行された『ジュリスト』で上記の①の文章を全文引用して、以下のように評価している。

「判決は……憲法26条をつぎのように解釈する。……『この規定の背後には、国民各自が、一個の人間として、また、一市民として、成長、発達し、自己の人格を完成、実現するために必要な学習をする固有の権利を有すること、特に、みずから学習することのできない子どもは、その学習要求を充足するための教育を自己に施すことを大人一般に対して要求する権利を有するとの観念が存在していると考えられる。換言すれば、子どもの教育は、教育を施す者の支配的権能ではなく、何よりもまず、子どもの学習をする権利に対応し、その充足をはかりうる立場にある者の責務に属するものとしてとらえられているのである』と述べる。『国民の教育権』、とりわけ、『子どもの学習する権利』を中心とする26条の精神の理解の仕方は、今日の教育法学の解釈動向と合致し、私もこの点を主張したものの一人として、共感するところが多い。おそらく、26条の公権的解釈上、一つの画期となることは間違いない。とりわけ傍点の部分は注目したい。(5)」

(傍点は堀尾)

筆者は、堀尾の上記の評価に、つぎの2つの疑問を抱かざるを得なかった。

その1は、なぜ堀尾は、「私もこの点を主張したものの一人として、共感するところが多い。おそらく、26条の公権的解釈上、一つの画期となることは間違いない。とりわけ傍点の部分は注目したい」などと歯切れの悪い表現をしたのであろうか、ということである。

その2は、堀尾は②の文についても、先の文章の後に引用しているのであるが、なぜかスルーしてつぎに進んでいることである。これはなぜなのか、ということである。

まずその1であるが、判決が①の文で、「子どもの学習する権利」を承認しているかどうかを検証してみよう。この際、慎重を期して、上の①と②の文意を正しく読み取るために、少し判決文を幅広く読んでみることにする。このときも、特に筆者が付した傍点部の表記を注意して読んでいきたい。

この①と②の文は、その前の「1、子どもの教育と教育権限の理論の問題」（以下「1」という）の項に続く「2　憲法と子どもに対する教育権能」（以下「2」という）の項に位置する。筆者の見るところでは、「1」も「2」も、判決は被告と原告の主張（見解）を紹介し、その後に裁判所の見解を述べるという形式をとっている。

まず「1」の項では、「一の見解」（被告側）と「他の見解」（原告側）を紹介しているが、ここでは見解の表現様式を引用するだけで十分であろう。「1」はまず、つぎのよう述べる。

「教基法10条1項も、教育は、国民全体の信託の下に、これに対して直接に責任を負うように行われなければならないとしている。したがって、……教授の自由は、教育の本質上、高等教育のみならず、普通教育におけるそれにも及ぶと解すべきによっても裏付けられる、と主張するのである。」

こうした主張の紹介に対して、裁判所の見解をつぎのように示している。

「当裁判所は、右の2つの見解はいずれも極端かつ一方的であり、そのいずれをも全面的に採用することはできないと考える。以下に、その理由と当裁判所の見解を述べる。」

つまり、「1」においては、係争している両者の見解を紹介して、「当裁判所は、右の2つの見解はいずれも極端かつ一方的であり、そのいずれをも全面的に採用することはできないと考える」と述べているのである。「1」では、前者の文章が「2」の①に該当し、後者が②に該当すると考えられる。

さて、この「1」に続いて、「2」で先の①と②の文章が展開されている。ここでは、①の文で、裁判所が原告側の意見を以下のようにまとめている。①の引用と重なるが、許されたい。

①「この規定（注・憲法26条）の背後には、国民各自が、一個の人間として、また、一市民として、成長、発達し、自己の人格を完成、実現するために必要な学習をする固有の権利を有すること、特に、みずから学習することのできない子どもは、その学習要求を充足するための教育を自己に施すことを大人一般に対して要求する権利を有するとの観念が存在していると考えられる。換言すれば、子どもの教育は、教育を施す者の支配的権能ではなく、何よりもまず、子どもの学習をする権利に対応し、その充足をはかりうる立場にある者の責務に属するものとしてとらえられているのである。」

確かに①の文では、「この規定の背後には、……大人一般に対して要求する権利を有するとの観念が存在していると考えられる。」で、一度、文章を閉じた形になっている。これは「1」の文の「……直接に責任を負うように行われなければならないとしている」と同じ表現様式である。しかし、文章的にはおかしいのであるが、この句点「。」でこの文章を終えてしまってはならないのである。文章は続くのである。

①の文は、すぐさま「換言すれば」と承けて、「子どもの教育は、教育を施す者の支配的権能ではなく、何よりもまず、子どもの学習をする権利に対応し、その充足をはかりうる立場にある者の責務に属するものとしてとらえられているのである」と続いて終わるのである。つまり、①の文は、原告側の見解では「……としてとらえられているのである」となる、として、原告側の見解を紹介しているのである。

裁判所は原告側の見解を紹介した後、つぎに自らの見解を表明するのである。それが、②である。

②「しかしながら、……このような教育の内容及び方法を、誰がいかにして決定すべく、また決定することができるかという問題に対する一定の結論は、当然には導き出されない。……同条（注・憲法26条）が、子どもに与えるべき教育の内容は、国の一般的な政治的意思決定手続によって決定されるべきか、それともこのような政治的意思の支配、介入から全く自由な社会的、文化的領域内の問題として決定、処理されるべきかを、直接一義的に決定していると解すべき根拠は、どこにもみあたらないのである。」

つまり判決は、①の原告側（国民教育権説側）が主張した憲法26条の精神の解釈（見解）を「……導き出されない」「……根拠は、どこにもみあたらないのである」と、不採用としているのである。

以上から、判決は子どもの「学習する権利（学習権）」を認めていないし、否定もしていない、というのが筆者の読み方である（筆者は、判決は争点を意図的にずらしている、と考えている）。

まして、子どもの「学習する権利」を「学習をする権利」「学習をする固有の権利」などと使用されては、堀尾自身もどのように対応すればよいか、戸惑ったのではなかろうか。それが、いつもは切れ味の鋭い堀尾の文章を歯切れの悪い文章にしたのではなかろうか。それとも、堀尾は最高裁判決に同調してしまったのであろうか。

その2の疑問に移ろう。堀尾は、②の文について、先の文章の後に引用しているのであるが、なぜか不問にしてスルーしていた。それはなぜなのかという問題である。

一般的に、判決文では②の文章に判決の「本音」があるとされる。そのことを堀尾が知らないはずがない。なぜ、不問にして分析しなかったのか。筆者の推測は、②では、明らかに「学習する権利」

が否定されていることを理解していたから、②の文章に深入りすることを避けたのではないかと推測する。

(3)「学習をする権利」の意味

①の文でもう1つ確認しておきたいことは、判決が「みずから学習すること……」と使用しながら、「権利」のついた用語には子ども「学習をする固有の権利」「学習をする権利」という用語を使用していることである。

国民教育権説側が主張したのは、おそらく「学習する権利」であったと推測する。堀尾も、先の文で「子どもの学習する権利」と使用し、最近の著書『人権としての教育』でも、「国民の学習権、とりわけ子どもの学習権は……杉本判決に最初の反映をみた[6]」と書いている。確か杉本判決は「学習する権利」と使用した最初の判決であった。しかし筆者は、堀尾が「学習をする権利」と使用した例をこれまで知らない。今回、堀尾は「学習をする権利」を「学習する権利」と読んだのであろうか。

堀尾は先の文で「(判決の)26条の精神の理解の仕方は、今日の教育法学の解釈動向と合致し、私もこの点を主張したものの一人として、共感するところが多い」と微妙な書き方をしていたが、彼が両者は同意語であると明言した記述はないと思う。

ところで、判決のこの「を」は何を意味するのであろうか。それも判決が、国民教育権説側が主張した内容をまとめる文章においてさえ「学習する権利」という用語を使用しないで、2度とも「学習をする権利」と「学習をする固有の権利」という用語を使用しているのである。判決が、2度も誤って「学習をする権利」を使用したとは考えにくい。

そこで筆者は、「学習をする権利」という用語に戸惑いながらも、その意図する意味をつぎのように推論してみた。

1つは、判決は「学習する権利」という用語を使用することを頑として拒絶したということである。何よりも判決は、子どもの「学習する権利」を認めようとしていないということである。確たる証拠はないが、どうも文科省側にも、「学習する権利」という用語を極力使用しないようにしたいという強い意図があるようである。

2つは、「教育を受ける権利」に合わせて「学習をする権利」と使用したのではないかという見方である。しかし、これは明らかに受動態と能動態の表現を混同したもので、これ以上詮索するのをやめよう。

3つは、判決が「学習をする固有の権利」と「学習をする権利」と意図的に使用していることは、憲法26条に基づいて国の責任で編成した教育内容（例えば教科書）を学習することを、子どもは「学習をする権利」または「学習をする固有の権利」を持つと言っているのではないかということである。

このような意味で説明した一例として、ネット上に、「子どもはその人格と能力を最大限に発達させるために必要な学習をする権利を有している」という表現が見られる。ここでは、「学習」に「枠（方向性）」が嵌《は》められている。学習者が主体的に「学習」の中身を選択する場合には「学習する権利」として積極性があると考えるが、公教育として要求される必要な「学習をする権利」を意図しているならば、単なる説明に終わるであろう。

筆者は、堀尾の「学習する権利（学習権）」と判決の「学習をする権利」とは異なった概念であると考えるが、筆者の「学ぶ権利」も固有の概念を持つ用語として使用しているつもりである。

（4） 国の教育内容決定に対する権能について

第3の疑問は、学テ最高裁大法廷判決の多数決原理の下における国の教育内容決定権能についての読み方である。

その箇所を以下に示そう。

③「もとより、政党政治の下で多数決原理によってされる国政上の意思決定は、さまざまな政治的要因によって左右されるものであるから、本来人間の内面的価値に関する文化的な営みとして、党派的な政治的観念や利害によって支配されるべきでない教育にそのような政治的影響が深く入り込む危険があることを考えるときは、教育内容に対する右のごとき国家的介入についてはできるだけ抑制的であることが要請されるし、殊に個人の基本的自由を認め、その人格の独立を国政上尊重すべきものとしている憲法の下においては、子どもが自由かつ独立の人格として成長することを妨げるような国家的介入、例えば誤った知識や一方的な観念を子どもに植えつけるような内容の教育を施すことを強制するようなことは、憲法26条、13条の規定上からも許されないと解することができるけれども、これらのことは、前述のような子どもの教育内容に対する国の正当な理由に基づく合法的な決定権能を否定する理由となるものではないといわなければならない。」

この③の文章の文意をどう捉えるかも、読み方によってまったく異なった理解になる。ここでも堀尾に登場してもらおう。堀尾はこの判決文を以下のように引用し、その後に自己の評価を付している。

「『本来人間の内面的価値に関する文化的な営みとして、党派的な政治的観念や利害によって支配されるべきでない教育にそのような政治的影響が深く入り込む危険があることを考えるときは、教育内容に対する右のごとき国家的介入についてはできるだけ抑制的であることが要請されるし、殊に個人の基本的自由を認め、その人格の独立を国政上尊重すべきものとしている憲法の下においては、子どもが自由かつ独立の人格として成長することを妨げるような国家的介入、例えば誤った知識や一方的な観念を子どもに植えつけるような内容の教育を施すことを強制するようなことは、憲法26条、13条の規定上からも許されないと解することができる』とのべ、教育内容に対する国の決定権能を『正当な理由に基づく合理的』なものに限定していることを見逃してはなるまい。(7)」(傍点は堀尾)。

堀尾はまず、「……けれども、これらのことは、前述のような子どもの教育内容に対する国の正当な理由に基づく合法的な決定権能を否定する理由となるものではないといわなければならない」という文章を省略し、その部分を「教育内容に対する国の決定権能を『正当な理由に基づく合理的』なものに限定していることを見逃してはなるまい」と評価している。

筆者は、これは「策を弄して本心を見ず」の類の読み方ではないかと思う。

堀尾は、彼自身が傍点を付した箇所を「正当な理由に基づく合理的」なものでないと考えているようであるが、堀尾が引用しているそれ以外の文も、ほとんど「正当な理由に基づく合理的」なものでないものを例示している。判決は、それらの介入や教育の強制を許されないとしているのである。それは、至極、当然なことである。

判決は、「けれども」以下で、「これらのことは、前述のような子どもの教育内容に対する国の正当な理由に基づく合法的な決定権能を否定する理由となるものではないといわなければならない」と、国の決定権能を正当化しているのである。それは、その後に続く「教基法10条の解釈」の箇所で、その本心を現わす。つぎの判示の箇所がそれである。

「教育に対する行政権力の不当、不要の介入は排除されるべきであるとしても、許容される目的のために必要かつ合理的と認められるそれは、たとえ教育の内容及び方法に関するものであっても、必ずしも同条の禁止するところではないと解するのが、相当である。」

「それ故、上記（注・学習）指導要領は、全体としてみた場合、教育政策上の当否はともかくとして、少なくとも法的見地からは、上記目的のために必要かつ合理的な基準の設定として是認することができるものと解するのが、相当である。」

判決が、「許容される目的のために必要かつ合理的と認められるそれは」とか、または「教育政策上の当否はともかくとして、少なくとも法的見地からは」というのは、ただ法令に準じていれば「禁止するところではない」、「是認することができるものと解する」というものである。

堀尾は、これらの判示を「国の正当な理由に基づく合法的な決定」と評価するのであろうか。

堀尾と同じ立場に立つ三輪定宣は、判決文の同じ箇所について、最高裁判所は「包括的な国家教育権説を否定した」と読んでいる。ただし、三輪がそう読んだ判決文は、先に示した③の引用文の前半部分である。判決のその箇所をもう一度、引用しよう。

「もとより、政党政治の下で多数決原理によってされる国政上の意思決定は、さまざまな政治的要因によって左右されるものであるから、本来人間の内面的価値に関する文化的な営みとして、党派的な政治的観念や利害によって支配されるべきでない教育にそのような政治的影響が深く入り込む危険があることを考えるときは、教育内容に対する右のごとき国家的介入についてはできるだけ抑制的であることが要請される」

三輪は、判決のこの箇所を「必要かつ相当の範囲で国の教育内容の権能を認めた反面、人間の内面的価値は党派的な政治的利害になじまないとの観点から、教育内容への国家的介入は『できるかぎり抑制的であることが要請される』とし、包括的な国家教育権説を否定した」と評価しているのである。[8]

しかし、同判決は③に示しているように、「……要請される」に続けて、「けれども、これらのことは、前述のような子どもの教育内容に対する国の正当な理由に基づく合理的な決定権能を否定する理由となるものではないといわなければならない」として抑制論を撤回し、結論として、上に示したように、国家の教育内容の決定権能を容認しているのである。これでも、三輪の言うように、「包括的な国家教育権説を否定した」と評価してよいのであろうか。

筆者は、判決の「できるだけ抑制的であることが要請される」などというあやふやな言葉を信用しないとともに、判決の「国の正当な理由に基づく合理的な決定権能を否定する理由となるものではないといわなければならない」という結論を厳しく批判すべきであると考える。「できるだけ抑制的であることが要請される」なら、この案件の場合、国の決定権能を明確に制限するか、否定すべきであったと考える。

最高裁判所の判事たるものこそ、このような決断をして、公権力の行き過ぎを断罪すべきであったのではなかろうか。

3　議会制民主主義制度下における政治と教育

(1)　学テ最高裁判決の構造

学テ最高裁判決はどのような法的構造をとっているのであろうか。教育権に関係する核心的な部分を①〜④に分けて構造的に整理し、その後、考察を加えてみよう。

①判決は、「1　子どもの教育と教育権能の帰属の問題」の節で、これまでの教育裁判で国側が主張してきた代議制民主主義論に基づく見解や、国民教育権説側が主張した子どもの教育を親の教育義務の共同化として展開する見解について「右の2つの見解はいずれも極端かつ一方的であり、そのいずれをも全面的に採用することはできないと考える」と切り捨て、「以下に、その理由と当裁判所の見解を述べる」と宣言する。

そして「2　憲法と子どもに対する教育権能」の節で次のようにいう。

②「子どもの教育は……専ら子どもの利益のために行われるべきものであり、本来的には右の関係者らがその目的の下に一致協力して行うべきものであるけれども、何が子どもの利益であるかについては、対立する主張の衝突が起こるのを免れることができない。憲法がこのような矛盾対立を一義的に解決すべき一定の基準を明示的に示していないことは、上に述べたとおりである。そうであるとすれば、憲法の次元におけるこの問題の解釈としては、右の関係者らのそれぞれの主張のよって立つ憲法上の根拠に

照らして各主張の妥当すべき範囲を画するのが、最も合理的な解釈態度というべきである。」

③「この観点にたって考えるときは、まず親は、子どもに対する自然的関係により、子どもの将来に対して最も深い関心をもち、かつ、配慮をすべき立場にある者として、子どもの教育に対する一定の支配権、すなわち子女の教育の自由を有すると認められるが、このような教育の自由は、主として家庭教育等学校外における教育や学校選択の自由にあらわれるものと考えられるし、また、私学教育における自由や前述した教師の教育の自由も、それぞれ限られた一定の範囲においてこれを肯定するのが相当であるけれども、それ以外の領域においては、一般に社会公共的な問題について国民全体の意思を組織的に決定、実現すべき立場にある国は、国政の一部として広く適切な教育政策を樹立、実施すべく、また、しうる者として、憲法上は、あるいは子ども自身の利益の擁護のため、あるいは子どもの成長に対する社会公共の利益と関心にこたえるために、必要かつ相当と認められる範囲において、教育内容についてもこれを決定する権能を有するものと解せざるをえず、これを否定すべき理由ないし根拠は、どこにもみいだせないのである。」

④「もとより、政党政治の下で多数決原理によってされる国政上の意思決定は、さまざまな政治的要因によって左右されるものであるから、本来人間の内面的価値に関する文化的な営みとして、党派的な政治的観念や利害によって支配さるべきでない教育にそのような政治的影響が深く入り込む危険があることを考えるときは、教育内容に対する右のごとき国家的介入についてはできるだけ抑制的であることが要請されるし、殊に個人の基本的自由を認め、その人格の独立を国政上尊重すべきものとしている憲法の下においては、子どもが自由かつ独立の人格として成長することを妨げるような国家的介入、例えば

誤った知識や一方的な観念を子どもに植えつけるような内容の教育を施すことを強制するようなことは、憲法26条、13条の規定上からも許されないと解することができるけれども、これらのことは、前述のような子どもの教育内容に対する国の正当な理由に基づく合法的な決定権能を否定する理由となるものではないといわなければならない。」

以上である。以下で、判決の構造について批判的に考察していこう。

（2）粗雑な議会制民主主義論

判決の構造を考えるに、最高裁判決にもかかわらず、衒学を装うも、中身の粗雑な論理展開であることが明らかになる。それを示そう。

まず①で、国側の見解や国民教育権説側の見解を「そのいずれをも全面的に採用することはできないと考える」と宣言する。しかし、「全面的に採用することはできない」ということは、見方を変れば、「部分的には採用する」という意味である。これが、判決は「折衷案」と言われる所以であろう。

そこで②で、一応、誰もが賛同する教育の建前、すなわち、「子どもの教育は……専ら子どもの利益のために行われるべきものであり、本来的には右の関係者らがその目的の下に一致協力して行うべきものである」と言う。しかし、これが綺麗ごとであることは、本書の第2章の史的考察で見てきたところであり、また、現実的には、少しでも真剣に子どもの教育に接してみた私たちの多くが、経験的に十分に知ってきているところである。

そこで判決は、少しだけ「真実ないし事実」を漏らす。すなわち、「何が子どもの利益であるかについては、対立する主張の衝突が起こるのを免れることができない」と。判決はここで初めて、上に述べた建前が「綺麗ごと」であったことを告白する。しかも、「綺麗なことば」で言い繕う。「何が子どもの利益であるか」については、「平面的な意味での利益」のみならず「重畳的な意味での利害」の対立があり、「主張の衝突」についても、「平面的な衝突」のみならず「重畳的な衝突」があるという。しかし判決は、「何が子どもの利益であるか」や「対立する主張の衝突」の意味を深く掘り下げて考えようとはしていない。先にみた「教育政策上の当否はともかくとして」と同じ論法で、棚上げするのである。

そうした判決の姿勢では、必然的に、「憲法がこのような矛盾対立を一義的に解決すべき一定の基準を明示的に示していない」などという低次元の見方に行き着かざるを得ないのではなかろうか。確かに憲法は、権利、平等、自由といった価値ある条項を規定しているが、国民間の葛藤や対立を解決するというよりは、その本質は、それらを覆い隠す役割を持つように制定されているから、そもそも憲法に「矛盾対立を一義的に解決すべき一定の基準」を求めるのはお門違いであろう。そこで、判決はつぎのようにいう。

「そうであるとすれば、憲法の次元におけるこの問題の解釈としては、右の関係者らのそれぞれの主張のよって立つ憲法上の根拠に照らして各主張の妥当すべき範囲を画するのが、最も合理的な解釈態度というべきである。」

判決は「憲法上の根拠に照らして各主張の妥当すべき範囲を画す」というので、その語るところを見ていくことにしよう。

さて判決は、③でつぎのように述べている。

「まず親は、子どもに対する自然的関係により、子どもの将来に対して最も深い関心をもち、かつ、配慮をすべき立場にある者として、子どもの教育に対する一定の支配権、すなわち子女の教育の自由を有すると認められるが、このような教育の自由は、主として家庭教育等学校外における教育や学校選択の自由にあらわれるものと考えられるし、また、私学教育における自由や前述した教師の教育の自由も、それぞれ限られた一定の範囲においてこれを肯定するのが相当である」。

この文章は、親の自然権としての教育権ということであろう。例えば民法820条の「親権を行う者は、子の利益のために子の監護及び教育をする権利を有し、義務を負う」という規定を根拠とする家庭における教育の自由、塾選択や学校選択の権利を意味していると考えられるが、憲法上の根拠規定はどこにあると言うのであろうか。

また、この並びで「私学教育における自由」と「一定の範囲」における「教師の教育の自由」を論じているが、もっと行き届いた説明をしないと誤解を与える恐れがある。例えば、「私学教育における自由とは、私立学校法に定める条件を満たせば私立学校を設立できるという意味では自由であるが、それは「私立学校における教育の自由」を意味しない。私立学校といえども公教育の一翼を担っている点においては国公立の学校とかかわりなく、「公の性質」(教育基本法第6条第1項)を有しているのであって、学習指導要領に則した教育活動を行わなければならないのである。

とりわけ、「一定の範囲」における「教師の教育の自由」論については、教師の日々の教育活動を考えれば、慎重な受け止め方が必要であると考える。というのは、国民教育権論者の側に、判決は

「一定の範囲において教師の教育の自由が認められた」といった受け止め方をする人々が散見されるからである。しかし、この程度の判決の趣旨ならば、ほぼ30年前に出版された法学協会編『註解　日本国憲法』がその23条解釈で「下級の教育機関についてはそこにおける教育の本質上、……画一化が要求されることがある」(9)（傍点筆者）と書いていたことと五十歩百歩ではなかろうか。それでも、教師の教育の自由の大切さに敏感であった宗像誠也は、そうした解釈はおかしいと、『註解』を厳しく批判したのではなかったか(10)。

判決の言う「一定の範囲」の「教師の教育の自由」とは、せいぜい、「実行上の工夫」程度の意味ではなかろうか(11)。それは「教師の教育の自由」と言えたものではないと考える。

さて判決は、上の文に続けて、つぎのように述べる（③の後半部分である）。

「それ以外の領域においては、一般に社会公共的な問題について国民全体の意思を組織的に決定、実現すべき立場にある国は、国政の一部として広く適切な教育政策を樹立、実施すべく、また、しうる者として、憲法上は、あるいは子ども自身の利益の擁護のため、あるいは子どもの成長に対する社会公共の利益と関心にこたえるために、必要かつ相当と認められる範囲において、教育内容についてもこれを決定する権能を有するものと解せざるをえず、これを否定すべき理由ないし根拠は、どこにもみいだせないのである。」

冒頭の「それ以外の領域においては」という「それ」の意味が理解し難いのであるが、「それ」をそれぞれ一定の範囲内での自由しか有しない「親の教育権」「私学の自由」「教師の教育の自由」と理解して先に進むことにする。

そう考えると、「それ以外の領域」においては、すなわち「一般に社会公共的な問題について」は、憲法上では前文が宣言している議会制民主主義によって決定されると言っているのである。繰り返し引用しないが、前記の引用文を再読していただきたい。

もし、そのような構造であるとすれば、別の問題が出てくる。

その1は、判決は「それ」と「それ以外の領域」に分けるが、「それ以外の領域」は「社会公共的な問題」であるが、「それ」は「社会公共的な問題」でないと言い切れるのかという問題である。例えば、親の家庭における教育の自由は、「社会公共的な問題」と関係がないのであろうか。もう少し突き詰めれば、社会的存在でもある家庭は「社会公共的な問題」と関係がないのであろうか。ほぼ同じことが、親の「学校選択の自由」についても言える。富める家庭には「学校選択の自由」はあるが、貧困家庭には「学校選択の自由」はない。あるとすれば、それは、強いられた「学校選択の自由」か、やむを得ずの「学校選択の自由」であろう。それは真の意味での「学校選択の自由」ではない。また、「私学の教育の自由」については「社会公共的な問題」である憲法・教育基本法・学校教育法・私立学校法等と関連しているのではなかろうか。まして、私学における教育実践は前記の教育法に則して行われるのではなかろうか。

その2は、判決は「子どもの教育は……専ら子どもの利益のために行われるべきものであり、本来的には右の関係者らがその目的の下に一致協力して行うべきものであるけれども、何が子どもの利益であるかについては、対立する主張の衝突が起こるのを免れることができない」というが、「何が子どもの利益であるか」を考える問題は、「教育」の範囲だけに収まる問題ではなく、「社会公共的な問題」の一部または全体の問題として捉えなければならないのではなかろうか。

その3は、判決は「一般に社会公共的な問題について」は憲法上では前文が宣言している議会制民主主義によって決定されると言っているのである。すなわち、議会制民主主義の下に制定された法律等によって決定されるということである。すなわち、つぎのように、である。

「国は、国政の一部として広く適切な教育政策を樹立、実施すべく、また、しうる者として、憲法上は、あるいは子ども自身の利益の擁護のため、あるいは子どもの成長に対する社会公共の利益と関心にこたえるために、必要かつ相当と認められる範囲において、教育内容についてもこれを決定する権能を有するものと解せざるをえず、これを否定すべき理由ないし根拠は、どこにもみいだせないのである。」

「教基法10条の解釈」については、先に論じたところであるので、そこを参照していただきたい。要するに判決は、議会制民主主義の下では、教育は国政の一部として行われること、議会の多数決原理で制定される法令に則して行われること、「これを否定すべき理由ないし根拠は、どこにもみいだせない」、というのである。それでよいのであろうか。

(3) 権力を説教しても「馬の耳に念仏」

日本の判決には、説教がつきものである場合が多い。裁判官が被告に人倫を説いて諭すあれである。現代版の「大岡裁き」とでも言えようか。学テ最高裁判決にも、それに類した部分が見られる。先にも引用したが、再度示そう。

「もとより、政党政治の下で多数決原理によってされる国政上の意思決定は、さまざまな政治的要因によって左右されるものであるから、本来人間の内面的価値に関する文化的な営みとして、党派的な政治的観念や利害によって支配さるべきでない教育にそのような政治的影響が深く入り込む危険があることを考えるときは、教育内容に対する右のごとき国家的介入についてはできるだけ抑制的であることが要請されるし、殊に個人の基本的自由を認め、その人格の独立を国政上尊重すべきものとしている憲法の下においては、子どもが自由かつ独立の人格として成長することを妨げるような国家的介入、例えば誤った知識や一方的な観念を子どもに植えつけるような内容の教育を施すことを強制するようなことは、憲法26条、13条の規定上からも許されないと解することができる」。

この種のお説教は無意味であり、無視するというのが筆者の自説で、それで終えたかったが、ここでは、そうは言っておれない状況になった。お説教の意味を確かめる必要性を感じたからである。

筆者の疑問は、「子どもが自由かつ独立の人格として成長することを妨げるような内容の教育を施すことを強制する」という曖昧な表現をどう解すればよいのか、ということである。言い換えれば、それは、「子どもが自由かつ独立の人格として成長することを妨げるような内容」が許されないのか、そういう内容の「教育を施すこと」が許されないのか、それとも、そのような「教育を施すことを強制する」ことが許されないという意味であるのか、である。判決で幾重にも解釈できる曖昧な表現を使用するのは、裁判所が人間や教育の理解を欠いて、もっぱら「少なくとも法的見地から」のみ判断しているからであろう。

もう一例をあげれば、判決は「子どもが自由かつ独立の人格として成長することを妨げるような内容の教育」といとも簡単に書いているが、その書いていることの内容の検証は、判決が言っているほど簡単なものではないはずである。それゆえに、判決が具体例を示している「誤った知識や一方的な観念を子どもに植えつけるような内容の教育を施すことを強制する」ようなことは、「憲法26条、13条の規定上からも許されないと解することができる」などという文言は、余りにも軽々に過ぎるのではなかろうか。「誤った知識や一方的な観念」についてさえ、教育的学問的にはそう簡単な問題ではないと考えられるのであって、もっと慎重な判断をする必要が求められていると考える。その他の疑問も、同様のことが言えよう。

判決は、この程度の粗雑な説教で、「抑制的であることが要請される」と諭せば、国家権力が素直に権力の行使を「抑制」するとでも考えているのであろうか。まして、先の文章の続きに「けれども、これらのことは、前述のような子どもの教育内容に対する国の正当な理由に基づく合法的な決定権能を否定する理由となるものではないといわなければならない」というに至っては、お説教にもならない。ここでは、「正当な理由に基づく合法的な決定」かどうかが問われているのである。この論法に従えば、判決は「教育法規の奇妙な性質」[12]的解釈であり、また、合法であれば正当性は不問とするという考え方の域を越えない。その行き着く結果は法体系を確認する作業のみで、すでに記したように、現状肯定の判決となろう。結論部分だけを、再度列記しておこう。

「子どもの教育内容に対する国の正当な理由に基づく合法的な決定権能を否定する理由となるものではないといわなければならない。」

「教基法第10条は、……たとえ教育の内容及び方法に関するものであっても、必ずしも同条の禁止するところではないと解するのが、相当である。」

「上記（学習）指導要領は、全体としてみた場合、教育政策上の当否はともかくとして、少なくとも法的見地からは、上記目的のために必要かつ合理的な基準の設定として是認することができるものと解するのが、相当である。」

流石の政府（文科省）も、判決の「教育政策上の当否はともかく」の文言を気にしてか、このままでは教育政策や教育行政が違憲・違法になるのではないかと心配になったのか、2006年には、自分たちに都合の悪い旧・教育基本法を全面的に改悪して新・教育基本法を成立させた。この荒業で、教育法制を保守反動の勢力の要望に忠実に応えることのできる教育法体系にしてしまった。

その後は、国民教育権論者も、「憲法・教育基本法の精神に則った教育を受ける権利がある」などと言えなくなってしまった。そして、教育権の研究も、久しく停滞してしまった。

つぎの「コラム」は、最高裁大法廷判決がいかに大きな影響を与えるかを指摘したものである。

「最高裁大法廷学テ判決は、40年近くも前のもので、『古い』などと思う人がいるかもしれないが、憲法の教育条項について本格的な判断を行った最高裁『大法廷』判決は、唯一この北海道学テ事件判決だけである。したがって、今日においても依然として教育判例において、いわば富士山のような役割を果たしているのである。すなわち、教育にかかわる裁判所の判断は、すべてこの最高裁大法廷学テ判決の枠内で行われているといってもよいのである。その意味で、今日においてもこの『大法廷』判決の影響力は計りしれないものがある。[13]」

今こそ、最高裁大法廷学テ判決を打ち破る教育権論を展開する若き研究者たちの出現を待望すること、切なるものがある。

注

(1)「文部大臣談話」、昭和51年5月21日、文部省地方課編『教育委員会月報』第310号、1976年6月、第28頁、『朝日新聞』東京版、1976年5月21日夕刊も、文相談話を掲載しているが、若干、表記が異なっている。

　ついでに言えば、諸沢正道初等中等教育局長は「従来の国の考え方を支持する最高裁の判断が示されたのである」（同前『教育委員会月報』、33頁）と書いている。

(2) 伊藤正巳「学力調査の適法性——永山中学校事件最高裁判決」、文部省地方課編『教育委員会月報』第310号、1976年6月、11頁。

(3) 同前、5頁、13頁。

　文部省・学制百二十年史編集委員会『学制百二十年史』（ぎょうせい、1992年）では、「学習指導要領をめぐる教育裁判」については、「1976年5月に旭川学力調査事件の最高裁判決が出され、学習指導要領には法的基準性がある旨の判断が示され、戦後長らく争われたこの問題に最終的な決着がついた」（310頁）と書いている。

　それは、杉本判決（1970年7月17日）後の衝撃とまったく異なっていた。杉本判決の場合、当日に文相が上告の姿勢を示したのについで、7月24日に文部省は控訴の手続きをとった。これと併行して教育現場の動揺を防ぐために、1970年8月7日付けで宮地茂初中教育局長名による「教科書検定その他の教育行政がこの判決により何ら影響を受けるものではありません」旨の通達「教科書検定訴訟の第一審判決について（通知）」を各党道府県知事・教育委員会教育長あてに送付した（「杉本判決に対する文部省通達（全文）」、前掲『教科書裁判・法律時報増刊（増補版）』、186—187頁。）

(4) 兼子仁・市川須美子「教育判例の概観——教育法学の見地から」『教育判例百選（第三版）』別冊「ジュリスト」No.118、有斐閣、1992年7月、6—7頁（兼子執筆）。兼子仁は、その指摘に続いて、「本判決については教育法学の見地からふさわしい先例としての読みとり方・『判例解釈』がなされてよいであろう」と述べ、「本判決は『国の教育内容決定権』を決して無制限に是認しておらず、つぎのとおり教育人権原理等による限定を予定している」と主張して、4点にわたってその読み方を紹介している。

しかし、当の国・文部省の受け取り方は、先の注1で示したもののほか、初等中等教育局地方課長・浦山太郎は「今回の判決は、いわゆる教育権論に正面から取り組み、これについて、大筋においておおむね妥当と思われる結論を下したものと私としては考える。……」（初等中等教育局地方課長・浦山太郎「学力調査裁判について」、前掲『教育委員会月報』第310号、1976年6月、49―55頁）と、落ち着き払ったものであった。

追記であるが、筆者には、戸松秀典・初宿正典編著『憲法判例（第5版）』（有斐閣、2008年、補訂）所収の「旭川学力テスト事件」の判例解説（369～373頁）が明解で有益であった。

（5）堀尾輝久「学力テスト最高裁判決の問題点――法解釈の「妥当性」と解釈の適用の「不当性」」『ジュリスト』No.618、1976年、35頁。傍点は堀尾。同旨、前掲『人権としての教育』、222―223頁。

この主張に賛同する人々を列挙してみよう。例えば、浪本勝年ほか『教育判例ガイド』有斐閣、2001年の9頁で、同判決は憲法26条で、学習をする権利すなわち学習権を認めた、と書き、『戦後教育改革と教科書検定制度』教科書裁判（第三次訴訟控訴審）の証言「意見書」（1992年4月20日、2頁）でも、「最高裁学テ判決は、……憲法26条の解釈のなかで、『子どもの学習権』が憲法的根拠を持つことと同時に子どもの学習権保障は国民の責務であることを確認したのである」と書いている。鈴木英一も「ここには国民の学習権……という理解がみられる」と書いている（「人権としての教育と国民の教育責務」『法律時報』48巻9号、1976年、20―21頁。

憲法学者の芦部信喜は、「教育を受ける権利」の解説の項で、「教育を受ける権利は、その性質上、子どもに対して保障される。その権利の内容は、子どもの学習権を保障したものと解されている」と書き、注の「子どもの学習権」の根拠として、学テ最高裁大法廷判決の憲法26条の当該箇所を引用している（芦部信喜・高橋和之補訂『憲法（第5版）』、岩波書店、2013年、264―265頁）。同旨、高橋和之『立憲主義と日本国憲法（第2版）』有斐閣、2010年、293頁。ここでは5人の解釈（「学習をする権利」＝「学習をする固有の権利」＝「学習権」）を紹介したが、こうした判決の解釈者が多数である。

筆者は「学習権」という概念の重要性を認めるものであるが、「学習権」と「学習をする権利」「学習をする固有の権利」とは異なった概念であると考えている。判決も慎重に言葉を選んで使用していると思う。

ついでに言えば、判決の①にある「みずから学習することのできない子どもは……」という表現は、まったく正確でないと考える。赤ちゃんを含めて、子どもは、偉大な学習者である。

(6) 前掲『人権としての教育』、２２２―２２３頁。

(7) 前掲「学力テスト最高裁判決の問題点――法解釈の『妥当性』と解釈の適用の『不当性』」、37頁（傍点は堀尾）。

(8) 三輪定宣『第二版　教育学概論』学文社、２０１９年、１３６頁。
ここで判決が示している教育内容に対する国家介入の抑制論は、議会制多数決原理のもとでの政治と教育行政の使命と限界を、曖昧な表現で述べた教訓である。しかし、同判決は「要請される」に続けて、「けれども、これらのことは、前述のような子どもの教育内容に対する国の正当な理由に基づく合理的な決定権能を否定する理由となるものではないといわなければならない」として抑制論を撤回し、結論として、国家の教育内容の決定権能を容認しているのである。

なお、三輪は「包括的な国家教育権説」と言っているが、「包括的な」の意味を今少し説明をして欲しい。

本文でも指摘したが、「けれども」以下の結論部分を捨象する読み方は、国民教育権論のリーダー、堀尾輝久も共通していた。また堀尾は、「この判決の指摘する、議会制民主主義のもとでの教育内容に対する国家介入の抑制論は……現代公教育を論ずる際に確認されてきた観点を再確認したものだ」（前掲『人権としての教育』、１９８―１９９頁）と書いているが、「現代公教育を論ずる際に確認されてきた観点」であったとはどういうことか、また、判決はその観点を再確認したのか、しなかったのかが検討される必要があろう。その問題をどう考えるか、どう乗り越えるかが問われているのではなかろうか。

(9) 法学協会編『注解　日本国憲法』有斐閣、１９４８年、上巻４６０頁。

(10) 宗像誠也『教育と教育政策』岩波新書、１９６１年、１０１―１０２頁。その他で触れている。

(11) 塩尻公明が著書『親・教師・道徳教育』で、批判すべく引用している当時の「有力な政治家」の言葉で、以下に引用しよう。

「ちかごろ有力な政治家の一人は、『小中学校の教員の身分で〈研究〉をするとは片腹いたい。かれらは上からの指示に従ってまじめにそれを実行すればよいので、もし〈研究〉があるとすればそれは実行上の工夫ともいうべきもので、教育の制度や内容の研究にあるべきものではない』という趣旨のことを放言したという。」（秀英出版、1959年、213―214頁）。

(12) 宗像誠也『私の教育宣言』岩波新書、1958年、76頁の言葉。「上位の法規よりも下位の法規の方が決定的だ」という意味で、教育法規における下剋上的解釈批判と言えよう。この種の批判を指摘していると思われるのが、宇賀克也『行政法』（有斐閣、2012年）の「委任立法の限界」の以下の一節である。要旨を記そう。

委任立法の限界について、「法律主義の原則から、法律に命令に委任する場合には、法律自体から委任の目的、内容、程度などが明らかにされることが必要であり、……法律で概括的、白地的に命令に委任することは許されない」（大阪高裁昭和43・6・28行集19巻6号1130頁）という判例がある。これを無視している事例が教科書検定行政である。

「教科書検定の基準について、法律には全く規定がなく、教科用図書検定規則（文部省令）、教科書検定基準（文部省告示）が、白紙委任を受けたかたちで定めていたにもかかわらず、最高裁は、合憲判決を出している。すなわち、教科書は、内容が正確かつ中立・公正であり、当該学校の目的、教育目標、教育内容に適合し、内容の程度が児童、生徒の心身の発達段階に応じたもので、児童・生徒の使用の便宜に適うものでなければならないことはおのずと明らかであり、教科用図書検定規則、教科用図書検定基準は、教育基本法、学校教育法から明らかな教科書の要件を審査の内容および基準として具体化したものにすぎないというのである。

これらの判決をみると、委任の方法に関する意見審査に関して、判例はきわめて謙抑的といえよう。……委任に際して、行政機関に裁量を認めている場合でも、当該裁量の範囲を逸脱すれば違法となるのである」（同書、143―144頁）

(13) 浪本勝年「コラム・最高裁大法廷学テ判決とはなにか」、浪本勝年編『教育の法と制度』学文社、2014年、35頁。

第4章 「人格の完成」への「学ぶ権利」の保障

本章では、人格主義と「学ぶ権利」の関係について論じる。すなわち、人格主義は「人格の完成」を最高の目的とし、「人格の完成」した人間を「幸福な人間」と考えるが、そうした人間に接近するための手段の1つとして「学ぶ権利」が充足されなければならない。かかる視点から、現代において子ども（をも含むすべての国民）の「人格の完成」への「学ぶ権利」を保障するためのシステムについて考察する。第1章と重複するところも多いので、同章も参照されたい。

1 「人格の完成」への「学ぶ権利」

(1) 至高の目的としての「人格の完成」

人格主義は、すべての人々の「人格の完成」を人生（および教育）の至高の目的と考える。「人格の完成」とは、人間諸能力の全面的最大限の調和的完成（人間の多面的完成、以下同じ）ということである。また人格主義は、すべての人々が「人格の完成」へ行き着くための近道として、まず個性の伸長を図ることを優先し、次いで他の諸能力を順次、伸長していくことがよき方法（現実的実際的に有効な方法）であること、そして何よりも、「人格の完成」の中核的要素は愛他的能力（利他的能力）にあることを自覚し、その能力の伸長に努めることであることを教える（この中核的要素である愛他的能力の伸長を欠いては、その人の「人格の完成」はその名に値しないこと、しかも、愛他的能力の伸長に関しては、すべての人々に平等に開かれていると教える）。

（2）「人格の完成」への手段としての「学ぶ権利」

しかし、人間がその人間諸能力の成長と発達とを実現するためには、「学ぶ」という行為が必要である。というのは、人間は「学ぶ」ことによって初めて、人間の成長と発達とが実現されるからである。そう考えてくると、学ぶ（知る、教える、伝える……）という人間の行為は、人間の生まれながらの権利、自然法的権利である。そう考えてくると、「学ぶ権利」は、「教育を受ける権利」から導き出されてくるものではなく、「人間が生きる」という根源的な存在から生じる自然権（自然的権利、天賦の人権、人間が生まれながらに持っているとされる権利、および国家以前に存在し、国家でさえそれを侵すことのできないものとされる権利）であるといえる。

人格主義は、人間が生来的に「学ぶ」存在であり、「学ぶ権利」を有していると考えるからこそ、「人格の完成」を至高の目的と設定し、その目的をめざして成長と発達とを図っていこうと主張するのである。別の言い方をすれば、人格主義にとって、「学ぶ権利」は人間が最も人間らしく生きる（＝幸福に生きる）ための、また、人間諸能力の全面的最大限の調和的な成長と発達（＝「人格の完成」）とを実現するための中核的な権利であり、かつ不可欠な手段である。

（3）「学ぶ権利」は精神的自由と経済的保障とを随伴する

人格主義がめざす社会は、〝すべての人々が完全なる精神的諸自由を享受し、かつ健康で文化的な生活を営み得る経済的条件が保障された社会〟である。この条件は、子どもの「学ぶ権利」保障にも該当する。というのは、「学ぶ権利」の保障のためには、完全なる精神的諸自由と健康で文化的な生活を営みえる経済的基盤との保障を前提条件とするからである。

経済的基盤の保障を欠いた状態では子どもの「学ぶ権利」の保障に支障をきたすことについては、家庭の経済的格差が子どもの学力差として顕著に表れていると指摘する研究によって広く国民に理解されるに至っているが、精神的自由が制限された場合の苦しみは、経済的保障を欠いた場合よりも、おそらく数倍にのぼると思われる。

それでもなお、人間の能力の伸長に影響を及ぼすと考えられる要素がある。例えば、遺伝的差異、生育環境の差異、本人のやる気（モラール）、出会い、運（幸運と不運）などが考えられる。万人をまったく同じ条件に遇することは不可能であろうが、人智をもって改善解消できる差異や不平等については、極力、極小化していくことが望まれる。

ともあれ人格主義は、すべての人間の「人格の完成」を実現することを至高の目的とし、この目的の内実を構成する諸要素の発展に貢献する政治・経済・社会・文化・教育の制度と活動とを望ましいものと判断し、その方向に前進しようとする制度と活動を最大限に尊重しようとするものである。

2　人格主義の「学ぶ権利」保障の方法

(1)「人格の完成」への「学ぶ権利」の形態

「人格の完成」をめざす「学ぶ権利」は、現実の社会においてはどのような形態で行使されるのであろうか。これについては、いくつかの分け方が考えられるが、ここでは「学校における学び」（学校＝学校教育法1条に規定する学校）と「学校外における学び」（学校外＝社会教育機関）の2つに大別して考えていくことにしたい。

1つは、学校において「学ぶ権利」を保障しようとする形態である。これは、「人格の完成」への人間的成長と発達を現実化していくために、日本国憲法の条文（例えば、13条、23条、26条等）に基いて設けられる学校において子ども（幼児、児童、生徒、学生）の「学ぶ権利」を保障しようとする形態である。

しかし、憲法26条の「教育を受ける権利」は、第2章の近代教育史の考察で明らかにしてきたように、その表現は「教育を受ける権利」であるが、その教育の実態は、資本家や富裕階層が支持する国家（政府）が主導して教育政策を策定して子ども・国民に課す教育のことであって、特に小・中・高の児童・生徒にとっては「教育を受ける義務」を負っているに等しい。

こういう制度の下で、子どもの「学ぶ権利」を保障するにはどのように対応ないし対処すべきであろうか。この問題については、後に回答することにしたい。

2つは、「人格の完成」をめざして、個々人の自己形成の活動として「学ぶ権利」を行使しようとする形態である。

これは、各個人が「人格の完成」をめざして人間的成長と発達とを図るために、社会（学校教育の枠外）で幅広く、かつ自由に「学ぶ権利」を行使する活動である。例えば、家庭における赤ちゃんの学び、乳幼児の学び、登下校外の学び（家庭での子どもの学び）、社会人としての学び（社内教育・社内研修、社会教育機関・図書館・博物館・美術館などでの学び）などの学びで、自主的自律的な学習活動である。いわゆる生涯学習、リカレント学習、自己学習、自己研修も、この種の学習活動である。この学びは個人の自由と裁量に任される性質のゆえに、1の形態よりも広範囲で、長期間にわたる場合もある。長寿学習社会となった現代こそ、この種の学びのあり方とその充実の方策が重要な課題となっていると考えられる。

本章では、学校外の学習の問題については他日を期すことにして、以下では、前者の学校における学習の問題を中心に論じていくことにする。

(2)「学ぶ権利」と憲法13条

自己形成の権利の営為としての「学ぶ権利」の現行法的根拠は憲法13条と23条とに根拠を求めるのが妥当と考える。その理由を、まず、憲法13条について考察する。

そもそも「人格の完成」をめざして人間諸能力の全面的最大限の調和的な成長と発達を実現しようとする生き方は、「幸福とは何か」「幸福に生きたい」という、きわめて普遍的で人間的な願望の探求から出発している。(1) しかし、この場合に留意しなければならない問題は、その「幸福」の中身を真剣に問うことである。

「人格主義」はこの「人間の幸福」をつぎのように考える。すなわち、「人間の幸福」とは「人格の完成した人間」になることであり、「人格の完成した人間」とは「人間諸能力の全面的最大限の調和的な成長と発達した人間」であるが、その中でも、愛他的精神の豊かなる能力を伸長させた人間こそ、真の「人格の完成した人間」である、と。

以上のように考えてくると、「人間の幸福」への願望は、日本国憲法13条に規定されていることがわかる。このあたりの記述については第1章でも行ったが、再度、確認しておきたい。

憲法13条（個人の尊重、幸福追求権）はつぎのように定めている。

「すべて国民は、個人として尊重される。生命、自由及び幸福追求に対する国民の権利については、公共の福祉に反しない限り、立法その他の国政の上で、最大の尊重を必要とする。」

本条は大日本帝国憲法にはなかった規定で、近代的権利章典の先駆といわれるヴァージニア権利章典（1776年、「財産を取得所有し、幸福と安全を追求獲得する手段を伴う生命及び自由の享受」を掲げる。）やアメリカ独立宣言（1776年、「生命、自由及び幸福の追求」を自明の真理と認める。）の表現と精神とを受け継いで新しく制定されたものである。『註解　日本国憲法』（以下、『註解』）は、本条制定の由来をつぎのように説明している。

「……この憲法の使命の1つは、従来の個人軽視の傾向を打破して人権の確立をはかることになる。以下本章に具体的な各種の権利自由を掲げるに先立って、まず本条において個人の尊重、その生命・自由及び幸福追求という個人の人格の生存に欠くべからざる権利を一般的に宣明したものである。公共の福祉の実現を任務とする国家も、これらの権利に最大の尊重を払うべきことを要求しているのである。その根柢には、個人のそのような権利は、いわば天賦の自然法的なものであって、国家はこれを確認し保護すべきものとする思想が存すると考えられる。(2)」

また同書は、本条の意義と性格をつぎのように述べている。

「『生命、自由及び幸福追求』に対する権利とは、個人の人格的生存に不可解な権利自由を包括的に述べたものであって、憲法各条に具体的に保障されている各種の権利自由の根柢に存する自然法的な権利である。この表現は、アメリカの自然権の思想に、これらの権利を天賦の人権とみることの起源を有する。従って、これらの権利は、……いわゆる自由権的基本権に属すべきもので、幸福追求を国家権力によって妨げられないことを要求するものであり、積極的に国家の関与によって幸福を求めるところの20世紀的な権利即ち生存権勤労権等を含んではいないが、今日においては、これらの権利なくしては、個人の人格的生存は不可能であるから、それらもいわば『20世紀の自然法』の要求する権利として、ここに要請されることになる。(3)」

筆者は、本条は11条（基本的人権の享有）、12条（自由・権利の保持の責任とその濫用の禁止）を承けて、日本国憲法が掲げている国民の基本的人権の内実（生命、自由及び幸福追求、以下、幸福追求という）の最大限の尊重を国政に課していると考える。それらの権利の意味は、確かに『注解』が述べているように、制定当時は「自由権的基本権に属すべきもので、幸福追求を国家権力によって妨げられないことを要求するもの」であったとしても、21世紀の今日においては、「21世紀の自然法」の要求する具体的な権利として承認されるべきものと考えられる。

「21世紀の権利」に該当する権利には、「幸福追求権」の他に、「知る権利」、「プライバシーの権利」、その他（例えば、嫌煙権、環境権、日照権、健康権、アクセス権、平和的生存権など）が考えられるが、「学ぶ権利」（「人格の完成の権利」でも可能かも知れない。）もその1つと考える。むしろ「学ぶ権利」は憲法13条の国民の「幸福追求権」が予定する権利の中でも最も重要な位置を占める権利という意味で、中核的な権利であると言えよう。したがって「学ぶ権利」は、「立法その他の国政の上で、最大の尊重を必要とする」のである。

（3）憲法23条の「学問の自由」の意味――『註解』の批判的考察

憲法13条の「幸福追求権」に含まれる人間の「学ぶ権利」を具体的に規定する憲法条項は、まず憲法23条である。同条は「学問の自由は、これを保障する」という短い条文である。

ただし、「学ぶ権利」の根拠を憲法23条に求める理由の説明に入る前に、同条のこれまでの解釈とその問題点について確かめておくことは有益であると考える。

ここでも『註解』の註解から検証していこう。同書を最初に取り上げるのは、同書が憲法23条の「学問の自由」の趣旨・目的を論じるに際して、その冒頭部分で、「学問の自由」が「一般的な思想の自由」に対して特別に「学問の自由」として論議されて来た理由を5項目に分けて説明しているからである[4]。それぞれの説明は有益であるが、一部分、疑義を覚えた項目もあったので、「学問の自由」と関連して問題提起したかったからである[5]。

さて、『註解』の憲法23条の解釈を見よう。同書は、まずつぎのようにいう。

「学問の主体は沿革的には高等な学術研究機関、及びその所属者であるとされていた。……しかし本条で学問の自由を保障する場合、そこにいう学問とはこのような高等な機関で行なわれるものに限らない。大学で行なわれるものが、実質的には最も問題となるのはいうまでもないが、大学に限らず、他の学校で行なわれるものであろうと又私人の資格において行うものであろうと、およそ一切の学問的研究の自由を保障する趣旨である。[6]」

「大学に限らず、他の学校で行なわれるものであろうと又私人の資格において行うものであろうと、およそ一切の学問的研究の自由を保障する趣旨である」という解釈は、当然といえば当然であるが、当時にあっては一応、評価してよいであろう。

しかし、そう主張する『註解』は、「教授の自由」の解釈になると、「下級の教育機関ついてはそこにおける教育の本質上」を理由として、つぎのように制限的になる。

「学問の自由が教授の自由（即ち教材、教課内容、教授方法の自由）を概念上含むとされていたのも、沿革的に主として高等の研究機関が眼中におかれていたことに基く。しかし本条が前述の如く一切の学問研究を対象とする以上、本条の学問の自由が当然教授の自由を含むということはできない。もちろん大学その他の高等の教育機関については、教授の自由をも広く認めることは本条の要請するところであるが、下級の教育機関ついてはそこにおける教育の本質上、教材や教課内容や教授方法の画一化が要求されることがある（註①）。このような教授の自由の制約が常に本条にいう学問の自由と矛盾するとはいえない。本条にいう学問の自由と教授の自由とは概念上別個のものであり、学問の自由は学校体系の如何を問わず、また私人についても認められるべきものであるが、教授の自由は、教育ということの本質上、下級

の学校に至るにつれ制限されることがある。[7]」（註①は、筆者）

なお、引用文に付された註①は、つぎのような説明である。

「例えば学校教育法は小学校及び中学校では監督庁の検定若しくは認可を経た教科用図書又は監督庁において著作権を有する教科用図書を使用しなければならぬことになっており（当時は21条・40条、注・現在は34条）、又その教科事項は監督庁が定めることになっている（当時は20条・38条、注・現在は33条）。[8]」

この23条解釈に最初に異議を申し立てたのが宗像誠也（教育行政学者）であり、その後、彼の主張は多くの憲法学者、教育学者らの支持を得てきた。宗像はつぎのように批判した。

「学問の自由と教授の自由とを別個のこととするのを私は肯定するし、いわゆる下級の教育機関には、高等のそれらにおけると同じ教授の自由が、そのまま通用しない、ということも肯定してよい。問題はその理由づけで、『教育の本質上』当然だ、というのではなんの説明にもなっていないし、いわんや憲法の法理の説明に下位の実定法を根拠として持ち出すのは、この場合全く誤りであろう。……

『註解』は説明を誤っていると思う。まず学問の自由は、大学教授が享有すると全く同様に小学校教諭も享有する。この点には疑問の余地はない。つぎに、下級の教育機関で、『教授の自由』が制限されるのは、ただ被教育者たる児童生徒の学習権ということからのみ説明されるべきことなのである。児童生徒の理解力、判断能力の発達程度ということからのみ、そこに大学生と小学児童との差がある。児童生徒は、判断できないことを注入されてはならない。それは教育を受ける権利の侵害である。[9]」

実は、この『註解』の解釈と宗像の解釈の争論が、その後、半世紀以上もの間に争われた多くの教育権の所在に係る教育裁判において、とりわけ第3章で考察した学テ最高裁大法廷の判決（1976年5月21日）においても重要な争点となってきたと言っても過言ではない[10]。

ともあれ以下では、『註解』の23条解釈の特徴と問題点とを指摘しておきたい。

1つは、『註解』は、大学その他の高等の教育機関（以下、大学等という）については、無条件に教授たちの「学問の自由」と「教授の自由」が認められると書いているが、その後に生起してきた大学等で学ぶ学生たちの「研究する権利」や「学習する権利」の保障については触れずにきたという問題である。

かつて皇帝に特権を与えられ、今日では国家に保護された「大学の自治」の下で、「選ばれたる人たる」教授たちは、どうも自分たちの権利や自由には寛大であるが、下級の教育機関の教師のそれには狭量のようである。先の *Encyclopedia of social sciences* の "Academic Freedom" の執筆者アーサー・O・ラブジョイ（Arthur O. Lovejoy）は、1930年に大学の教師の「教授の自由」のあり方について つぎのように述べている。

「学問の自由は、組織的かつ十分に付与された方法で、科学的調査を適切に遂行し、その結果を一般大衆および知的生活への開始のより高い段階にある学生に伝達するための前提条件である。学生のニーズと権利には、教師の自由を維持する別の理由が明らかである。彼らは、各科学における現代の状況、その分野の専門家の間の意見の範囲と多様性を学ぶ権利がある。学生に単に常識の事実や、一般大衆や寄贈者によって受け入れられた意見を教えることは、大学の教育的領域ではない。しかし、学生の同じ権利は、調査や出版とは別の教授の役割において、専門家の間で合意のない問題についての彼の個人的な見解の排他的または一方的な提示を避けるための特別な注意を大学の教師に要求する。教師には、自分の立場を利用して、独断的に自分の信念を学生たちに押し付ける資格はない。彼の職務の性質上、別の意見が公平に説明されること、および学生が慎重に確認された事実を批判的に考察することによって、そのような質問について自分自身の結論に達するように励まされ、指導されることが必要である。[11]」

大学の教師の「教授の自由」は、学生の「学ぶ権利」を保障するために行使されるべきで、「自分の立場を利用して、独断的に自分の信念を学生たちに押し付ける資格はない。彼の職務の性質上、別の意見が公平に説明されること、および学生が慎重に確認された事実を批判的に考察することによって、そのような質問について自分自身の結論に達するように励まされ、指導されることが必要である」と言っているのである。学生を児童・生徒に置き換えても十分に通用する説明であると考えるが、どうであろうか。日本の教授たちも、自らに引き付けて学び、反省すべきではなかろうか。

ついでに言えば、戦後に設立された多数の大学等においては、「学問の自由」も「教授の自由」も認められるなどと気楽なことを言って済ますことができない実態があるということである。とりわけ「教授の自由」は、もうかなりの昔から「下級の学校」における教師と同じか、場合によっては、それ以上の創意工夫が要請されるようになってきているのである。

誤解されないように確認するのであるが、このことは大学でも「教授の自由」を制限せよと言っているのではない。大学の「教授の自由」もそのような情況になってきているので、「下級の学校」における教師には同等か、さらなる「教授の自由」を認めなければならない、と言っているのである。

2つは、「下級の教育機関」（または「下級の学校」）における「教授の自由」については「教育の本質上」（または「教育ということの本質上」、以下同じ）制限されることがあるという解釈もしくは理解を巡る問題である。この問題についてはすでに前で触れたことがあるので、簡潔に整理しておこう。

『註解』は「教育の本質上」の説明を上位法令優先の原則で下位の法令で説明したのに対して、宗像は、それでは「なんの説明になっていない」こと、「教育の本質上」とは「児童生徒の理解力、判断能力の発達程度」を考慮するということであり、そう考えると「下級の学校」には「教授の自由」が制限されるのではなく、「教授の自由」が認められなければならないこと、ただし、この場合の「教授の自由」は子どもの「学ぶ権利」保障のためであるから、「学ぶ権利」保障の前には謙虚であらねばならない、と主張したのである。

教育学的に、どちらの説明が正鵠を射ているかは明白であろう。すべての教師（教授・教諭）に「学問の自由」（「学問・研究の自由」）と「教授の自由」（「教授の自由」）とを認めるべきで、「教授の自由」についても教育専門家であるすべての学校の教師の自由（大学から幼稚園までの教授と教諭の裁量）に任せるべきである。

憲法23条の学問の自由（「学問・研究の自由」と「教授の自由」）は、大学の教授も「下級の学校」の教師も保障されるのである。大学の教授が、自分たちにだけ「教授の自由」があるなどというのは、もはや時代錯誤なのである。

（4）「学ぶ権利」と憲法23条

つぎに筆者は、「学ぶ権利」の主たる根拠条項を憲法23条（学問の自由）に求める。かつて憲法23条に「教師の教育の自由」の根拠を求めたのが宗像誠也であったが、筆者はそれに加えて、新たに同条に「学ぶ権利」[12]を読み込みたい。この考え方は、宗像に学んで同条に新しい意味を読み込もうとする挑戦でもある。

さきに筆者は、『註解』は「大学に限らず、他の学校で行なわれるものであろうと又私人の資格において行うものであろうと、およそ一切の学問的研究の自由を保障する趣旨である」という解釈は、「一応、評価してよいであろう」と書いた。なぜそのように述べたかについては、戦後直後の1948年という時点で出版された『註解』が、すでに「学問の自由」は大学人だけに保障されるものとは制限しないで、子どもを含むすべての国民が「一切の学問・研究の自由」を有すると記したことを評価したからである。

しかしながら今日では、憲法23条の「学問の自由」は、子どもを含むすべての国民の「幸福追求権」としての「学ぶ権利」をも保障したものと読み込むべきであると主張したい。その理由を以下に述べよう。

1つは、憲法23条の「学問の自由」保障の規定は、憲法の精神的諸自由（憲法19条、20条）の規定や経済的諸権利の規定とともに、すべての国民が「幸福を追求して生きる」（憲法13条）ために、また、すべての国民が「人格の完成」（自然権とも考えられる）を実現するために設けられた条項の1つであると捉えるべきであるということである。

〝子どもは学んで初めて成長・発達するものである〟ことについてはすでに第1章で論じたが、このことは、成人の国民にとっても当てはまる。すべて人間はその生涯にわたって、学んで成長・発達していく存在であるからである。

ただし、「近代教育学の父」と言われるヨハネス・A・コメニウス（Johann Amos Comenius）は「教育は、人生の春がよい」と言ったが、確かに、「学ぶ」ことは成人や高齢者よりも、成長と発達との顕著な「春」の時代を生きる子どもの方がより効率的であり、より有用的であるとは言い得るであろう。

2つは、子どもが「学ぶ」ということは、子どもにとっては「学ぶ権利」であり、「学ぶ権利」とは現行憲法上では憲法23条「学問の自由」に含まれるということである。

子どもが「学ぶ」ということは、子どもが主体的自律的に事物に興味と関心とを懐き、それらを知り、真似をし、発見し、創意工夫することなどを意味する。親は子育ての過程で体験することであるが、子どもは、赤ちゃんの時から、失敗と躓きと戸惑いとを繰り返す行為を通して、行動や言葉や考え方や訴え方を習得して成長・発達していく。

やがて子どもは、より自覚的・意識的に、学校等の教育機関で、仲間とともに「学ぶ」ことによって、「人格の完成」をめざして自らの人間形成を図っていくのである。

加えて、「子どもは哲学をする」という研究者もいる。『子どもは小さな哲学者(13)』などと題した研究書も少なくない。また、昨今の文科省の発行する「学習指導要領」では、児童・生徒たちは、一方的に「教えられる」授業を超えて、自らが主体となって「創造的研究や創造的学習」をすることが奨励されている。これらに類した事例は、他にも多数存在すると考えられるが、ここでは、これまでとしたい。

筆者の言いたいことは、以上にあげた2つの理由から、「学ぶ権利」は「学問の自由（および研究の自由）」の活動に含まれるべきであるということである。

ここで追記しておきたいことは、子どもの「学ぶ権利」は、その学習の過程で、愛情豊かな親と力量ある教育専門家の適切な指導と支援とがあれば、子どもの健やかな成長と発達とがより円滑かつ確実に促進されることになろうということである。子どもの「学ぶ権利」を実質的に導き支援するのは、子どもの養育に優先権を有する親であり、親の教育権を一部委託された教育専門家である教師である。

ここまでで筆者は、「人格の完成」への手段として、子どもの「学ぶ権利」を憲法13条の「幸福追求権」に含まれる基本的人権として捉え、つぎに、その「学ぶ権利」の憲法上の具体的な根拠条項を憲法23条に求めるとしたのである。

(5) 憲法26条と「学ぶ権利」ある憲法書と「学習権」

それでは、本書で決断を延ばしてきた問題、すなわち「学ぶ権利」と憲法26条の「教育を受ける権利」との関係はどのように考えるべきかに入ろう。

憲法26条の「教育を受ける権利」規定に子どもの「学ぶ権利」の具体的な根拠を求めることは、筆者のこれまでの論述から考えればアンビバレントである。しかし、日本国憲法自体がアンビバレントな性格を有し、同じく憲法26条の規定もアンビバレントな性格の規定であることを考えれば、もう少し柔軟に考えてもよいのではないかと考える。ともあれ、再度、憲法26条の条文を確かめておこう。

第26条　すべて国民は、法律の定めるところにより、その能力に応じて、ひとしく教育を受ける権利を有する。

②すべて国民は、法律の定めるところにより、その保護する子女に普通教育を受けさせる義務を

負ふ。義務教育は、これを無償とする。

芦部信喜・高橋和之補訂『憲法（第5版）』によれば、まず、生存権（憲法25条）、教育を受ける権利（憲法26条）等は社会権に含まれるとし、その社会権の性格をつぎのように説明している。

「社会権は、20世紀になって、社会国家（福祉国家）の理想に基づき、とくに社会的・経済的弱者を保護し実質的平等を実現するために保障されるに至った人権である。その内容は、国民が人間に値する生活を営むことを保障するものであり、法的にみると、それは国に対して一定の行為を要求する権利（作為請求権）である。この点で、国の介入の排除を目的とする権利（不作為請求権）である自由権とは性質を異にする。もっとも、社会権にも自由権的側面がある。(14)」

つぎに憲法26条の「教育を受ける権利」について、つぎのように解説している。

「2　教育を受ける権利

教育は、個人が人格を形成し、社会において有意義な生活を送るために不可欠の前提をなす。憲法26条は、『すべて国民は、法律の定めるところにより、その能力に応じて、ひとしく教育を受ける権利を有する』と定めている。」

1　学習権と国の責務

教育を受ける権利は、その性質上、子どもに対して保障される。その権利の内容は、子どもの学習権を保障したものであると解されている。

子どもの教育を受ける権利に対して、子どもに教育を受けさせる責務を負うのは、第一次的には親ないし親権者である。26条2項が、『すべて国民は、法律の定めるところにより、その保護する子女に普通教育を受けさせる義務を負ふ』と定めているのは、そのことを明示している。また、教育を受ける権利の社会権としての側面として、国は、教育制度を維持し、教育条件を整備すべき義務を負う。この要請を受けて、教育基本法および学校教育法等が定められ、小・中学校の義務教育を中心とする教育制度が設けられている。(15)」

以下、「2　教育権の所在」、「3　義務教育の無償」の解釈と続くが、それらと注をも含めた記述は僅か3頁と3行である。しかも、教育学の用語を他からの引用で説明し、自説を極力控えるという解説書は、少々物足りない。

上記の解釈について、筆者の疑問点を列挙してみよう。

1つは、1項の「すべて国民」が、解説では「子ども」に矮小かつ変形されていることである。「その性質上」とあるが、その説明がなされていない。少子高齢化社会では、生涯学習の権利も重要であろう。

2つは、「教育を受ける権利……の内容は、子どもの学習権を保障したものと解されている」として、「子どもの学習権」については学テ最高裁大法廷の判決文を引用しているが、芦部説としての説明がない。

3つは、2項の「その保護する子女に普通教育を受けさせる義務を負ふ」を「子どもに教育を受けさせる責務を負うのは、第一次的には親ないし親権者である」というが、「義務」が「責務」になっている。両用語は、同じ意味であろうか。

4つは、「教育を受ける権利の社会権としての側面として、国は、教育制度を維持し、教育条件を整備すべき義務を負う」というが、「教育条件」の詳細な説明がない。また、どのように「整備すべき」かという説明がない。ここでも学テ最高裁判決を引用し、「学テを適法とした」と紹介し、「学説の批判も多い」で終えている。

個々の小さな疑問についてはここでは問わないことにしよう。ここで筆者が問いたいことは、憲法26条の解釈と関わって同書が「教育を受ける権利……の内容」は「子どもの学習権を保障したものと解されている」と書いているが、何をもって「子どもの学習権を保障した」と言えるのかであり、引用による説明ではなくて、芦部自身が考える、「保障した」という「子どもの学習権」の内実である。

憲法26条の規定を、条件付きで、尊重する

筆者の憲法26条に対する姿勢は、「教育を受ける権利……の内容」は「子どもの学習権を保障するものである」と、単純には考えないが、以下の条件を付けて、憲法26条の規定は尊重すべきである、と考える。以下にその条件を説明していこう。

第1は、人格主義の容認するところの生活態度であると考えるからである。

憲法26条1項の「教育を受ける権利」の内容は真の意味で子どもの「学ぶ権利」を十全に保障するものではないが、公教育として提供される「教育」と「教育を受ける機会」とは、人格主義でいうところの「人格の完成」へ近づき得る可能性がある手段ないし方法として活用すべきものと考える。言い換えれば、人格主義は「人格の完成」が至高の目的であることを堅持しつつも、現段階において何らかの問題があるとしても、「人格の完成」への接近に資する可能性があると認めることができるならば、それを受け取っていくという生活態度を良しとするからである。したがって、人格主義は、あくまでも子どもの「学ぶ権利」を十全に満たす教育を可能な限り要求するが、まだそれが十全に満たし得ない段階での公教育であったとしても（例えば、30％しか満たし得ない公教育であっても）、その教育を受ける機会を可能な限り生かすべく努めるべきであると考える。人格主義は、０％か１００％かという発想は必ずしも健全な生活態度であるとは考えないからである。

第2は、日本国憲法が定める国民の権利及び自由、および憲法26条の教育に関する規定は「人類の多年にわたる自由獲得の努力の成果であって、これらの権利は、過去幾多の試練に堪へ、現在及び未来の国民に対し、侵すことのできない永久の権利として信託されたものである」（憲法97条）ということを重く受けとめるからである。

「教育を受ける権利」や「教育の機会均等」を自ら拒否したり、無視したりすることは、「人類の多年にわたる自由獲得の努力」や「侵すことのできない永久の権利として信託された」権利を拒否したり、無視したりすることになるからである。

第3は、憲法26条に基づく現行の公教育制度が国民の絶対多数の信頼を失っているとは思えないからである。

日本の教育政策がいかに貧弱で、管理統制が強いとしても、国民の自由や権利が完全に否定されるまでには至っていない。また日本の教育は、曲がりなりにも「民主主義のルール」に基づいて運営されており、国民の絶対多数の信頼を失っているとは思えない(16)。現状の教育政策には不十分で不満な点があるとしても、それらの点を改善し改革する可能性はなくはないと考えるからである。

第4は、「教育」という営為が持つ機能にまったく期待し得ないものではないと考えるからである。

政府（国）は、自らが主導する公教育は、法律に則って子どもの「教育を受ける権利」を保障しているという（例えば、第2章の注43等を参照）。しかし、教育史の考察で明らかになったように、公教育は民衆統制（または民衆統治）という性格をも有している。この2つの機能の性格は、当然のことながら、日本の教育政策や教育行政にも当てはまる。

具体的に言えば、政府（文科省）はその教育政策の策定及び執行に際しては、普通、「人間形成」と表現すべきところを、昨今では堂々と「人材育成」と表現している。しかし、筆者の概念で言えば、「人間形成」と「人材育成」とは、明らかに性格を異にする概念である。つまり、「人間形成」とは「人格の完成」に繋がる「学ぶ権利」に対応する人間の成長と発達とに関わる概念であるが、「人材育成」とは国家や資本家に奉仕する特定の人材を育成する「教育を受ける権利」の概念である。こうした視点から、日本の公教育政策を見れば、矛盾した教育施策が明確になる。

国家権力や資本家に奉仕する「人材育成」の教育では、自然科学領域の教科においては、一応、真理や事実を教えるが、社会科学領域の教科においては権力や資本家に都合の良い道徳や歴史を教える。この理由はいとも簡単である。国家権力や資本家は、科学技術には高い能力を有しているが、政治的社会的能力においては無関心な労働者の養成を願っているからである[17]。

しかし、科学技術には高い能力を有すが、人権と権利と自由に疎い従順な労働者を育成するという国家権力や資本家の「人材育成」の教育は、そもそも内部的に矛盾している。その教育は、真実と事実を学び、人間の健やかな成長と発達とを図る「人間形成」の教育とも真っ向から対立する。また、科学技術の分野で科学的真理や事実を習得した人間は、社会科学領域での道徳の強要や人権意識の骨抜きに気がついて抵抗するであろうし、何よりも人間らしく成長し発達するために「学ぶ権利」と

「人間らしく生きる権利」とを要求することになろう。

そして究極的には、人格主義は、人間はその人間性の一要素として有している知的探求心や真理追求心を歪めるような教育を止揚克服していく力をもっていること、「学ぶ権利」は学問的真理と事実とに基づいた学習と教育の保障を求め、それを歪める教育には批判と抵抗とをするものであることに信頼を置いているからである。

筆者は、以上の4つの条件（理由）、しかし究極的には人間性の構造への信頼から、「すべて国民」が「学ぶ権利」保障という気概を堅持しながら、憲法26条の規定する「教育を受ける権利」と「教育の機会均等」の教育を受けることを薦めるものであって、安易に拒否することを奨励しないということである。

3　議会制民主主義制と教育制度

（1）議会制民主主義と近代公教育制度

つぎに教育権論を展開する場合に避けて通れない問題は、議会制民主主議をどう考えるかである。筆者は、現代における議会制民主主義はフィクションであると考えるが、制度そのものを否定することは賢明ではないと考える。なぜなら、その制度は、教育制度においても近代から現代への前進と認めることができるからである。

顧みるに、近代以前の公教育制度は支配階級（国王や貴族）が議会を支配し、教育権も独占した制度であった。

近代の教育制度は、公教育制度という形式を装ったが、その実態は、親をも含めた一般国民（庶民や農民）の教育権を共同化した制度ではなく、むしろそれを否定（または、それらの教育権を切断）して、支配階級が教育制度を支配し管理するものであった。そうした教育体制の下では、庶民の教育意思が政治や教育政策に反映することはほとんど期待できなかった。支配階級が庶民の子どもたちに提供した教育は、せいぜいのところ、初歩の3R'sと道徳教育とであって、その主たる力点は教化と統制とにあった。

ところが20世紀になって、世界の多くの国々において、公教育制度は議会制民主主義の制度の下で運営されるようになってきている。

現代の議会制民主主義制とは、主権者国民の投票による選挙で選ばれた多数党の政党（連合した場合は、多数派を構成した連合政党）が内閣（政府）を組織し、教育政策をも含む諸政策を策定し、立法府である国会での審議を経て法制化し、行政機関がその施策を法律に基づいて執行していく制度であると言えよう。この制度の下では、主権者国民は選挙において一票を投じるのであるが、その一票が議会を経由すると、いつの間にか国民の意思と国家の意思が融合されて、今度は統治される国民の側に位置する。これが議会制民主主義の構造であるようである。その典型的な主張を見ることができるのが、第2章の注43で紹介した教科書裁判杉本判決後に出された文部省局長の通達であり、岩教組学テ事件の仙台高裁判決であり、第3章で考察した学テ最高裁判決である。

（2）議会制民主主義と人格主義の考え方

しかし、多くの国民は、「代表制民主主義のもとでは、国家と国民を対立させてとらえるべきではなく、公教育は、国家が国民からその固有の教育権を付託されて国民の意思に基づき国民のために行うべきものだ」と説明されても、それで「国家と国民の対立が止揚される」とか、「止揚された」とは考えることができないのではなかろうか。

それでは、議会制民主主義の制度を承認するのか、もしくは否定するかと問われたら、どう答えるべきであろうか。この問いに対して、筆者は、長らくつぎのように考えて自分を納得させてきていた。

現在の日本の政治を含む諸般の状況を踏まえて判断するならば、議会制民主主義の制度はフィクションであることを承知しながらも、承認すると答える。議会制民主主義の制度は、問題点を持った制度であるが、そうであっても人類が長い歴史を経て営々と築き上げてきた民主主義の制度の1つであって、「人類の多年にわたる自由獲得の努力の成果」(日本国憲法97条)として認めなければならないと考える。それに加えて現在の自分には、現行法制下において、議会制民主主義制度を越える優れた制度を提案することができないこと、したがって、議会制民主主義の制度を否定することは〝角を矯めて牛を殺す〟ことに等しい、と。

ここには、議会制民主主義の制度を承認する消極的な理由をあげていて、核心となる理由を欠いていた。しかし今は、政治学者塩尻公明のつぎのような説明でその核心を獲得するに至ったと考えている。

「如何なる政体がよき政体であるかについての究極的な決定も、教育的見地によってのみ決定され得ると思われる。……然し平常時の永久的な政治形態としてはデモクラシーが最上のものであると思われる。

だが議会主義的デモクラシーにも独裁制にも夫々の長短があり、殊に能率的には縷々独裁制の方がすぐれているように見えるにも拘らず、何故にデモクラシーを以て最上の政体と考えざるを得ないのであるか。それは結局は、政治の究極的目的を考えるときに、それは一切の人々の人格の完成にあると言わざるを得ず、しかも一切の人々の人格の完成のためには、政治的識見と能力とを養うためにも、また利他的公共的性格を養うためにも、デモクラシーの方が優れている、と言わざるを得ないからである。要するに国民教育的見地に立つときのみ、民主政の決定的選択が可能となるのである。[18]」

すなわち、議会主義的デモクラシーの制度（議会制民主主義という政体）は、一切の人々の「人格の完成」のためにも、また、「政治的識見と能力とを養う」ためにも、さらに「利他的公共的性格を養う」ためにも、優れている、というのである。

それでもなお、社会の状況の変化によって議会制民主主義制度に問題が生じたならば、主権者国民は、その問題について国民の叡智を結集して、少しでもよい方向へ改革・改善して解決していけばよいということである。もし問題の解決に年月を必要とするものであったならば、年月をかけて解決していけばよいのである。

結果や功を急ぐあまり、大きな犠牲を出したり、反動を引き起こしたりする不幸や愚を防ぐためにも、基本的には、制度の改革や改善は着実に進めるのがよく、また、改革改善が円滑に進むならば、その過程で国家権力の性格も徐々に変質していくであろうからである。

（3） 政治と教育の関係

教育権論を考える場合に避けて通れないもう1つの重要な問題は、議会制民主主義の制度下での政治と教育のあり方である。

国民の意思に基づく「国民のための政治と教育」の問題、エイブラハム・リンカーン（A. Lincoln）の「人民の、人民による、人民のための政治」に倣って言えば、「国民の、国民による、国民のための政治と教育」が行われるためには、主権者国民は何をなすべきかという問題である。

この問題を考える際にも有益なヒントを与えてくれるのが塩尻公明である。塩尻は『民主主義の人間観』の最終章でつぎのように書いている。

「『民主主義の人間観』の課題は、民主主義は人間性に適合することを示すことにあった。仮に人間性のうちに民主主義には適合しがたく、民主主義にたいして逆行や摩擦を示すようなものがあるとしても、それは施すに策をもってすれば、何とか処置しえないものではないことを、示すことにあった。換言すれば、適切な制度と教育とをもってすれば、人間は、社会的政治的運命の主人公たるにふさわしい能力をもつ人間に近づきうるものであることを示し、また少なくとも、シュンペーターが期待したように、適切な政治的指導者を選択する能力をもちうる可能性を持っていることを示すことにあった。……またすべての人間は、必ずしも政治的指導者とはなりえないにしても、少なくともすべての政治がかれらの成長と幸福とのためになされなくてはならないことを主張しうるだけの、充分な資格と尊厳さとをもっているものであることを、示すところにあった。(19)」

すなわち塩尻は、人間性についての長年の研究から、「適切な制度と教育とをもってすれば」、人間は①「社会的政治的運命の主人公たるにふさわしい能力をもつ人間に近づきうるものであること」、②「適切な政治的指導者を選択する能力をもちうる可能性を持っていること」、③「すべての人間は、必ずしも政治的指導者とはなりえないにしても、少なくともすべての政治がかれらの成長と幸福とのためになされなくてはならないことを主張しうるだけの、充分な資格と尊厳さとをもっている」ことを示している、というのである。

塩尻の主張を筆者なりに説明すれば、つぎのようになろう。まず、前提条件の説明である。「適切な制度と教育とをもってすれば」というのは、デモクラシーの政治（社会・文化）制度とデモクラシーの教育とがしっかりと確立され、その機能が十分に発揮されるならば、という意味である。この「適切な制度と教育とをもってすれば」、以下の①、②、③はつぎのように言うことができる。それを順次、解説しよう。

例えば①の意味は、「社会的政治的運命の主人公たるにふさわしい能力をもつ人間……」とは、人間は健全なる判断力をもった主権者国民になり得る可能性があるということである。

つぎに②の「適切な政治的指導者を選択する能力」を持ち得るというのは、国民は「資質の高い」政治家（議員）や官僚（役人）を選ぶ能力を有し、その能力を行使得る人間になり得るということである。

最後の③の意味は「すべての人間は、必ずしも政治的指導者とはなりえない」が、人間は「すべての政治」が自らと国民の「成長と幸福とのためになされなくてはならない」と主張しうる「充分な資格と尊厳さとをもっている」というのである。多くの国民は「政治の目的が国民の成長と幸福とにある」と捉え、その実現のために正々堂々と要求し闘う国民となり得るということである。

塩尻は以上のことを説きながら、上記の条件をどこまで達成できるかが、「その国の民主主義の成長度を決める」というのである。

塩尻の人間性研究の結果は私たちに勇気と落ち着きとを与えてくれる。塩尻は、国民が良き政治とよき教育とに恵まれたならば、主権者国民として、また社会的政治的運命の主人公として、国民の「成長と幸福」実現という目的をめざして、政治と教育をさらによき政治と教育へと改善改革するために、選挙や要求や闘争という形で実現していく力量をもつことができる、と言っているのである。

これは明るい情報ではなかろうか。よき国民（人々）は、徐々にではあるが、よき政治家を選べるであろうし、有能な官僚を雇用できるであろうし、よき政治とよき教育の制度を創出することができるのである。その逆も、また言えるであろう。だが、歴史を動かすのは人間であることを考えるならば、やはり人間の形成が出発の原点であろう。

（4） デモクラシーの政治と教育の関係

ここまでくると、政治と教育のあり方、および両者の関係に触れておくことが必要になる。この場合も、塩尻の考え方が参考になると考える。以下に、彼の主張を紹介しながら考察していこう。

第1に、塩尻は、本来的には政治と教育はその目標を一にしており、互いに協力しなくてはならないはずのものであると主張していることである。以下に引用しよう。

「政治と教育とはその究極の目標を一にしている。人生の目的そのものが一であると同じように。従って、善良にして幸福な人間を作り、よき社会とよき国家とを作るためには、政治と教育とは互いに協力しなくてはならないものであるし、また両者が真に正しいあり方に於いてあるならば当然に相協力する筈のものである。例えば政治が一定の要求を教育に提示し教育がこれに協力するということ自体が悪いことであるわけはない。政治が教育のあり方を強く規定しても、それが悪しきものであるとばかりは限らない。教育には、社会形態と時代との特異性をこえて凡そ教育としてもたねばならない永久的普遍的要素が含まれているが、同時に、いかなる教育も、特定の歴史的社会の制約を受けてこれに順応し且つこれを次の段階に高めてゆかなくてはならない任務をもっている点に於いて、現実政治は屢々教育に優先し、教育に対して圧倒的要求を提示せざるを得なくなる。例えば、根本的な社会改革は必然的に根本的な教育改革を要求せざるをえないであろう。そして教育がその要求に答えようとすることは当然であって少しも悪いことではない。(20)」

右の文章を箇条書きに整理すれば、つぎのようになろう。

①政治も教育も「善良にして幸福な人間を作り、よき社会とよき国家とを作る」ことが目的であるので、両者は「互いに協力しなくてはならないものであるし、また両者が真に正しいあり方に於いてあるならば当然に相協力する筈のものである。」

②「例えば政治が一定の要求を教育に提示し教育がこれに協力するということ自体が悪いことであるわけはない」し、「政治が教育のあり方を強く規定しても、それが悪しきものであるとばかりは限らない。」

③「教育には、社会形態と時代との特異性をこえて凡そ教育としてもたねばならない永久的普遍的要素が含まれているが、同時に、いかなる教育も、特定の歴史的社会の制約を受けてこれに順応し且つこ

れを次の段階に高めてゆかなくてはならない任務をもっている点に於いて、現実政治は縷々教育に優先し、教育に対して圧倒的要求を提示せざるを得なくなる。」

④「例えば、根本的な社会改革は必然的に根本的な教育改革を要求せざるをえないであろう。そして教育がその要求に答えようとすることは当然であって少しも悪いことではない。」

政治と教育のあり方と関係をこの記述のようにみてくると、教育には固有の任務があるが、政治との関係では、政治の優先性を認めなければならないように読み取れる。そうであれば、教育は政治に従属した存在になる。塩尻は、そう言っているのであろうか。否である。

第2に、塩尻は、政治こそ教育に従うべきであると言っていることである。塩尻は「政治は、広義の教育の一項目である[21]」といい、「政治は（筆者注・その本質に於いて、また究極の目標に於いて）つねに教育に仕えなくてはならないものであり、またつねに真に教育的であるか否かに依って価値判断を受けなくてはならないものである[22]」と言っている。

第3に、塩尻は、国民は政治を「常に真に教育的であるか否か」によって評価し、真に教育的でない場合には、その政治制度と政治家を批判しなければならないと言っていることである。

「多くの場合に、政治は、人格完成の条件としてのさまざまの福利を国民に確保することを以てその直接の任務としている。然し乍ら、例えば何を全国民に対して最小限度の生活を保証するというようなことも、結局は人格完成のためにあるのであるから、国家の経済政策も社会政策も究極には国民一人一人をいかなる人間となすかを考慮しないではすまされぬであろう。この意味に於いて我々……はつねに政治制度と政治家とに対して批判を下し註文を発することを道徳的義務の一部として忘れることができないと思う。[23]」

第4に、塩尻は、国民が政治に対して批判と注文とを出すためには、正しき順法精神を身につけなければならないと主張していることである。

彼は、政治に支配される人間ではなく、政治を支配し得る主権者国民になるためにはそれに見合った識見（とりわけ、正しき順法精神）を具備しなければならないという。このために、塩尻がまず指摘したのが、日本人の政治と法律に対する無条件の礼拝を一掃することであった。

「我々が……政治についてものを考えるとき、特に注意しなくてはならない1つの心構えがある。日本人一般がそうであるが、……（我々）は、長く深い伝統に依って、国家権力の行う政治と、政治の用具としての法律とを、無条件に受け取るべき神聖な規範であるかのように、乃至は不可避的に承服しなくてはならない自然的制約であるかのように、跪拝《きはい》して受け取ろうとするくせから今もなお充分にぬけ出てはいない。凡ての国民の成長と幸福とのために適切な内容と形式とをもつものであるように、我々自身が絶えず注意して改善してゆかなくてはならない人工的な用具として、法律と政治とを考える考え方に習熟していない。我々は我々自身の責任に於いて、たえず政治と法律とを改善してゆこうとすることこそ、我々の道徳的義務の重要なる一部をなすものであるということを忘れてはならない[24]。」

つぎに塩尻が教示したのが、正しい意味での順法精神であった。これについてはつぎのようにいう。

「我々……は、一面に於いて、国民の一人として、国家権力の行う政治とその用具としての法律とに対して、忠実に服従しなければならない義務を負うている。……政治と法律とがその本来の目的に忠実である限り、これらに対して受動的にも能動的にも忠実であることは、人間としてまた国民の一人として……当然の義務であると言わねばならない。

然し乍ら、一般に政治と法律との必要性を如何に承認しても、……現実の政治と現実法とのそのままを無条件に礼拝しなくてはならないということにはならない。むしろそれ故にこそ、たえざる批判と注文とを忘れてはならない。(25)」

「なるほど法律は我々にとってなくてはならぬものである。然し乍ら現実の法律に対しては我々は常にそれが悪法でないかどうかを判定してかからなくてはならない。そしてそれが悪法である場合には、それに服従することがつねに当然によきことであるとは言えない。(26)」

用意周到に塩尻は、その法律が善き法であるか悪法であるかを判断する3つの基準を提案している。そのうえで塩尻は、悪法に対して従うことが愛国的であるとも道徳的善とも言えないと諭している。

「第1に、それは、正当に構成された政治的権力に依って制定されたものであるかどうかが検討されねばならない。例えば民主国家に於いて、クーデーターに依って政権を奪取した一軍司令官とその幕僚との制定した法律が強制せられようとするとき、これに従順に服従することは善きことであるとは決してきまってはいない。第2はまた、法律制定の手続きが正当であったかどうかが検討されなくてはならない。仮に民主国家に於いて政党に構成された議会の多数決によって制定された法律であるとしても、その多数決が錯誤により或いは買収に依って虚構されたものであるときには、かかる法律に従うことがつねに善きことであるとは言えない。第3にまた法律は、その規定内容が当然に法律として関与し得るような領域に関するものであるかどうかが検討されなくてはならない。政治は社会的権力に依る外部的社会的生活の統制であり、法律は社会的権力の強制するところの外部的社会的生活に関する規範的法則である。従ってそれらのものの関与し得るところの、また関与してもよいところの当然の領域が存在している。特定のイデオロギーを真理として信奉すべきことを強制し、特定のイデオロギーの研究や信奉を禁止し、或いは人間性の自然的要請にもとるような結婚形式を強制するような法律に対しては、これに服従することが当然に善きことであるとは言えない。以上を要するに、悪法に対してはこれに従うことがそのまま愛国的であるとも道徳的善であるとも言えないのである。[27]」

屋上屋を重ねるような解説は必要ないであろう。

第5に、塩尻は政治の限界を厳しく論じたということであり、とりわけ政治の教育への介入を厳しく制限したということである。

先に塩尻は、本来的には、政治と教育は目的を一にしていると論じたが、現実の政治は正当な限界を逸脱して不当な支配を教育に及ぼそうとするとして、現実の政治の厳守すべき限界をつぎのように論じた。

「然し乍ら、現実の政治は、その具体的な諸政策に関して、必ずしもつねに究極の正しき目標を一条の金線の如く貫いてゆくものであるとは限らず、また現実の政治家は一時を糊塗するための便宜や執念深い政権欲のためには、本来の目的を一擲《いってき》して顧みないことが屢々である。従って現実の政治は、政治としての正当な限界を逸脱して不当の支配と指導力とを教育に及ぼそうとする場合もまれではないことになってくる。……デモクラシーの諸制度が完備してくればくるほど、多数者の意志に依って行う一切の決定は、凡ての個人にとって、自己自身の命令に従うことを意味するのであって不自由でも抑圧でもある筈はない、従って多数者の意志を以ってすればいかなる事柄を断行してもよいという錯覚におそわれ易いのであるが、然しいかなる多数決を以てしても凡そ政治にはその性質上こえてはならない限界があるのであって、その限界をこえた政治に対しては必ずしも服従する必要はなく、また場合に依っては服従してはならないことになるのである。(28)」

これは程度の低い多くの政治屋が陥りやすい過ちであるが、塩尻は「多数決を以てしても凡そ政治にはその性質上こえてはならない限界がある」こと、「その限界をこえた政治に対しては必ずしも服従する必要はなく、また場合に依っては服従してはならない」というのである。

しかし塩尻によると、国民（及び教師）が「政治には政治の性格上それの守るべき限界のあることを確認」するようになればなるほど、また、国民が「政治の守るべき限界についてはっきりした意識をもつようになればなるほど、現実の政治が不当に教育の自由と自主性とを侵犯する事実があるという遺憾の意識もまた愈々《いよいよ》くっきりとしてくる(29)」という。

政治と教育の関係を考える参考となろう。

注

(1) 塩尻公明のしばしば主張したところである。手近かには塩尻公明『イギリスの功利主義』アテネ文庫、1950年、7頁。同「我が人生の変遷」『塩尻公明人生論』六月社、1958年、45—46頁、同『生甲斐の追求』現代教養文庫、22—23頁、同「若き日の倫理」『若き友に贈る』現代教養文庫、204—205頁などであるが、同『J. S. ミルの教育論』同学社、26—27頁、J・S・ミル、塩尻訳『ベンサムとコールリッヂ』（有斐閣、1939年）に付した塩尻の訳者解説60~62頁以下も参照されたい。
(2) 法学協会編『註解　日本国憲法』有斐閣、1948年、上巻、337—338頁。
(3) 同前、上巻、338—339頁。
(4) 同前、上巻、455—456頁。
『註解』は、「学問の自由」が「一般的な思想の自由」に対して特別に「学問の自由」として論議されて来た理由を5項目にわたって説明している。
(5) 筆者は注4の5項目の理由のうちで、違和感とある種の興味とを覚えたのが「(2) 学者、研究者はその領域における専門家であり、その領域において指導的立場にあるいわば『選ばれたる人』であるから、通常人を対象とし、通常人の平均的な水準に立脚する政治や行政が、その判断に基いてみだりに干渉すべきではなく、国家も社会もその独立性を尊重すべきであること」という説明であった。同書の註では、「学問の自由の趣旨については、*Encyclopedia of social sciences*（1930）, vol. I, p. 284. "Academic Freedom", Nipperdey, Bd. II S 450ff 参照」とあったので、その出典を読んだ。分かったことは、註にいう頁数の p. 284は間違いで、正しくは p. 384であった。さらに"Academic Freedom"の項目を読んだが、(2) の表現に直接該当するような箇所を見つけることができなかった。他の出典から引用されたのであろうか。
ただし、(2) のような考え方は「学問至上主義」ではなく、「学者、研究者特権主義」もしくは「専門家選良主義」であろう。もし、こうした権威主義と権威意識とが憲法学界を支配しているとするならば、「選ばれたる人」自らが「学問の自由」の精神と背反しているのではないかと思う。
(6) 前掲『註解』、上巻、459頁。
(7) 同前、上巻、459—460頁。
(8) 同前、上巻、464頁。
(9) 宗像誠也『教育と教育政策』岩波新書、1961年、102頁。
(10) なお、学テ最高裁判決は「一定の範囲における教授の自由が保障されるべきことを肯定できないのではない」としつつも、「普通教育における教師に完全な教授の自由を認めることは、とうてい許されないところといわなければならない」と判示し、全体としてみれば依然として『註解』の解釈を踏襲したものになっている。しかし、学テ最高裁判決を読む限り、この箇所の争論はやがては宗像説に収斂していくと思われる。

かつて米国第一次使節団報告書（１９４６年３月）は「教育は自由の雰囲気のなかでこそ行なわれる」と勧告したし、学者では、John Dewey は「自由な教師が民主主義の市民を教育できる」と論じ、ニューロン（Jesse. H. Newlon）は「学校教師には大学の教授と同じ教育の自由が保障されねばならない」と述べた。

近年、教員（Teacher、保育園・幼稚園・初等・中間・中等学校のすべての教員を含む）は学問の自由（Academic freedom）を享受すべきだという動きが急である。

その一例は、「ILO のユネスコ・教員の地位に関する勧告」（１９６６・９・21～10・5、ユネスコにおける特別政府間会議）で、「8　教員の権利と責任」の「職員上の自由」の項で「61　教育職は専門職としての職務の遂行にあたって学問上の自由（Academic freedom）を享受すべきである。教員は……承認された教育課程基準の範囲で、教育当局の援助をうけて教材の選択と採用、教科書の選択、教育方法の採用などについて不可欠な役割を与えられるべきである」と謳っている。

その二例は、アメリカ教育界において、学問の自由（Academic freedom）の中に学問研究の自由（freedom to study）、学ぶ自由（freedom to learn）、教える自由（freedom to teach）、及び思想・考えを表現する自由（freedom to express ideas）を含めるべきだと主張する声が高まってきている。

Jack L. Nelson, "The Significance of and Rational for Academic Freedom," in Anna S. Ochoa, ed., *Academic Freedom to teach and to Learn: Every Teacher's Issue* (National Education Association Publication, 1990), pp. 21-22.

ミルトン・R・チャールズ（Milton R. Charles）は、専門職の1つの要件は自主性（autonomy）であるが、専門職は責任と同時に大幅な自由（freedom）を持つものであること、教師（teachers）は彼らの教室における活動においては自主性をもっていると述べている（*A Preface to Education*, New York: The Macmillan Company, 1965, pp. 301-302）。

初等学校段階や中等教育段階の教師の専門職的自治（professional autonomy）の必要性を説いた人物に、メイロン・リーバーマンがいる（Myron Lieberman, *Education as a Profession*, N. J. Prentice-Hall, 1956, pp. 118-119）。

アイバー・クラフト（Ivor Kraft）は「アメリカの教

育者たちの政治化」（The Politicalization of America's Educators）で「アメリカの教師たちは、その土地のすべての若者に、最も広いイデオロギーの意味で解放的な教育（liberating education）を提供する方法を学ぶ必要がある。……これは、教師たちに学問の自由（academic freedom）への完全な取り組みと、それを保護するための政治闘争に取り組む意欲とを要求するであろう」と主張している（In Dorothy Westby-Gibson edited, *Social Foundations of Education: Current Issues and research*, New York: The Free Press, 1967, p. 285.）。

最近の有益な論文としては、大学と初等・中等学校の教師の自由を比較した、Bruce Maxwell, David I. Waddington, Kevin McDonough, "Academic Freedom in Primary and Secondary School Teaching" (in *Theory and Research in Education*, 2019, Vol. 17(2), pp. 119-138.）がある。近々、別稿として紹介する予定である。

(11) Arthur O. Lovejoy, "Academic Freedom", *Encyclopedia of social sciences*（1930), vol. I, p. 385.

(12) 第3章で少し論じたことであるが、憲法26条の「教育を受ける権利」に「学習する権利」を読み込もうとしたのが堀尾説である。堀尾説は、確かに卓説であると評価するが、筆者自身は、「教育を受ける権利」と「学ぶ権利」は本質的に異質の系であると理解しているので、堀尾説に異議を呈する見解となっている。

(13) G・B・マシューズ、鈴木晶訳『子どもは小さな哲学者』新思索社、１９９６年。

(14) 芦部信喜・高橋和之補訂『憲法（第5版）』岩波書店、２０１１年、２５８頁。

なお、「社会権にも自由権的側面がある」というのは、教育活動には教育内容にかかわる側面があるとい み意味であろう。この問題については、本論でもう少し詳しく論じて欲しかった。

(15) 同前、２６４頁。なお、同前、注で「２００７年に教育基本法の改正が行われた」（２６５頁）と書いているが、正しくは２００６年である。なお、第４版でも２００７年であった。

(16) 筆者がこの点についてのヒントを得たのは、デビッド・B・タイアック（David B. Tyack）の以下の記述からである。アメリカの親たちは学校を信頼しているのである。日本の場合、親たちはもっと学校を信頼しているであろう。長年にわたって営々と築き上げられてきた既存制度は、それなりに強固なのである。

「知識人は脱学校や義務教育の廃止について話すが、親たちが強制をやめて欲しいと望んでいるとか、または、現在の学校制度に係わっている人々―例えば、学校の従業員など―がテントを折り畳んでこっそりと出て行ってしまいそうだという証拠はほとんどない。……１９６８年に都会の親たちが自分の子どもの学校教育についてどう思うかと尋ねられた時、オハイオ州のコロンバスとシンシナティの親たちの93％が、自分は一番年下の子どもの教師は平均以上の仕事をしていると思っていると述べた。彼らは校長たちにも同様の評価を与えており、学校が独特で困難な問題に直面していると認めた人たちの4分の3は、学校は自分たちに適切にうまく対応していると考えている、と述べた。」（David B. Tyack, The *One Best System.: A History of American Urban Education*, Harvard Universe Press, 1974, p. 290, 中谷彪・岡田愛訳『アメリカ都市教育史』晃洋書房、２０２２年、３００頁）。

(17) 資本主義社会における教育の矛盾についての明快な説明は、小川太郎『教育と陶冶の理論』明治図書、１９６３年、同『教育科学研究入門』明治図書、１９６５年を参照されたい。

筆者の思いつく一例を挙げよう。教育課程（カリキュラム）の中でも重要な位置を占める教科書、とりわけ歴史的真実と価値観に関係する歴史・社会と道徳の教科書は、資本家や富裕層や政府に都合のよい内容構成となっている。実態は、子ども・国民の「学ぶ権利」を十全に保障する教育でもなく、また、人格主義が至高の目的とする「人格の完成」をめざす教育でもないということである。私たちは、そうした教育や教科書が「学ぶ権利」の内実を歪める危険性があることを認識しながら、教育の場において、自らの「学ぶ権利」を充足するべく要求していく可能性もあり得るのである。子ども・国民の「学ぶ権利」の主張は、公教育における自己形成の権利実現の運動であるとも言えるのである。

(18) 塩尻公明『政治と教育』社会思想研究会出版部、１９５７年、47―48頁。

(19) 塩尻公明『民主主義の人間観』社会思想社、１９６８年、２９９―３００頁。

シュンペーター（Joseph A. Schumpeter）は大工業国家において民主主義が成功するための条件として、政治の資質の高さ、官僚人の資質の高さ、一般民衆の知性と道徳水準の高さなどをあげている（*Capital-*

ism, Socialism and Democracy, London, George Allen and Unwin, 1943, 9th impression, 1961, p. 298ff. 前掲、『民主主義の人間観』、２９９頁より引用)。

(20) 前掲『政治と教育』、56—57頁。

(21) 同前、47頁。

(22) 同前、48頁。

(23) 同前、48頁。

(24) 同前、49—50頁。

(25) 同前、50—51頁。

(26) 同前、52頁。

(27) 同前、52—53頁。ただし塩尻は、「悪法に対していかなる態度をとるべきかは、その時の社会情勢の如何に依り、またその人の個人的能力境遇の如何に依って具体的に細目的に決定されなくてはならない」(53頁)と論じている。また塩尻は、法律よりも道徳的命令の優先を論じているが、ここでは省略する。

(28) 同前、57—58頁。

(29) 同前、59—60頁。

終　章

結びにかえて
――「学ぶ権利」からの国民の教育権論構築のために

結びにあたって、本書で主張してきたことと残された課題とについてまとめておきたい。

1　本書で主張してきたこと

本書で主張してきたことは、「学ぶ権利」は人間の自然権に原点をもつ人権であるということであった。

ベッカーは、人間は「生まれつきの人間的特性」として「学ぶ」存在であり、「学ぶことができる」存在であると主張した。彼はまた、人間は「何が真実であるかを知る権利」をもっていると主張した。人格主義は「人格の完成」を至高の目的とするが、「人格の完成」とは「人間らしい人間になりたい」「幸福に生きたい」という「永久的普遍的人間性」の要素から導き出された価値で、「学ぶ権利」は「人格の完成」に接近する重要な一手段として位置づけられると主張してきた。

こうした人格主義の視座から、今日と明日への教育権論を構築してみようと問題提起したのであるが、本書では、教育権論の完全なる構築までは達しなかった。それでも、以下の諸点で、その視点のいくつか示唆することができたのではないかと考えている。その要点を10項目に整理してみる。

第1は自然権に由来し、人格主義の人間の永久的普遍的要素が主張する「学ぶ権利」は、絶対的な権利であって、尊重され承認されるべきであると提言したことである。それゆえに、教育権論はこれを基点として構想され体系化されるべきであると主張したことである。

第2は教育権論で留意すべきこととして、やはり、教育の定義から出発すべきであるということ、とりわけ、教育の目的、めざすべき人間像を明確に設定することが必要であると提言したことである。

第3は教育の歴史、とりわけ公教育の歴史を深く、広範囲に踏まえることが必要であると提言したことである。

国内・外の教育史を踏まえることは、個人にとっては至難の業である。しかし有難いことに、この分野には豊かな研究蓄積があった。そこで学んだことは、公教育の歴史はいつの時代も、一部の支配階級が多数の民衆を教化・統制する手段として利用してきたということ、また、民衆や労働者の教育要求はほとんど無視されたか、認められても微々たるものであったということであった。ともあれここでは、近代公教育の再検討の必要性を提案した。

第4は学テ最高裁判決について、筆者なりの読み取りを提示したことである。

同判決は、教育権論争のみならず、その後の日本の教育行政にも大きな影響を与えたが、人格主義の「学ぶ権利」論の視点からは、多くの問題点があると批判した。

第5は、今日の各国の憲法は、いずれも子どもの「教育を受ける権利」規定を有しているが、その規定は、国家が国民の教育を管理統制する仕組みになっている点で共通していると指摘した。

近代公教育史の延長線上にある今日の「教育を受ける権利」規定も、国家に教育権があることを前提としていた。現代において、国家が公教育に関わらないことなど考えられないが、教育権論が問題とすべきは、国家が公教育にどうかかわるかである。

第6は、日本の場合、憲法26条の「教育を受ける権利」規定を過大評価することには慎重を期すべきであると指摘した。それは、以下の理由からである。

その1は、「教育を受ける権利」を戦前の教育法制と比較すれば、ある意味で改善されたと評価し得る面があるが、それでもなお、現行憲法の26条が「教育を受ける権利」規定を含めて、依然としてプログラム規定であることから、その条項の実質的な保障には程遠いものがあるということである。教育の条件整備の不十分さについては「まえがき」でも述べたが、子どもたちは学力競争に追い立てられ、教員は超過労働と管理強化に疲れ、教育現場の自主性と自律性とがますます失われていることである。こうした教育状況を生み出している政府の怠慢については、厳しく批判しなければならない。ともあれ筆者は、現行憲法の教育規定は、「学ぶ権利」保障の視点から見ると、所詮、過渡期の規定に過ぎないと考えるべきであると理解している。

その2は、「教育を受ける権利」に「学習する権利（学習権）」を読み込む（または、読み替える）解釈は、結果として、「教育を受ける権利」と「学習する権利（学習権）」を同一視する形になり、後者は前者（文科省の説明）に飲み込まれることになってしまうのではないかと指摘した。

というのは、文部（科学）省は一貫して、子どもの「教育を受ける権利」を保障し、その責務を果たすために努力してきている旨、述べているからである（杉本判決後の通達＝第2章の注43、学テ最高裁判決後の文相談話＝第3章の注1）。「学習する権利（学習権）」を効果的に主張するためには、国の教育計画（カリキュラムを含む）に対抗し得る「学習する権利（学習権）」の教育計画（カリキュラムを含む）が必要と思われる（これは、「学ぶ権利」論も同じである）。

第7は、本来の「学ぶ権利」は「教育を受ける権利」と決定的に対決する概念であり思想であると主張したことである。すなわち、両者はつぎの点で異なっているからであった。

その1は、「学ぶ権利」と「教育を受ける権利」とは系が異なり、両者は対決する価値を志向する概念であるということである。「学ぶ権利」は自然法的権利、永久的普遍的人間性が求める権利、幸福を追求する人間的な要求の権利の系であるのに対して、「教育を受ける権利」は支配階層が国民（庶民）に押しつける権利、人為的な支配（支配―服従を制度化する）の系であると考えるからである。

その2は、志向する価値（目的）の決定的な違いから、「教育を受ける権利」規定によって「学ぶ権利」が十全に保障されることは期待できないということである。本書では、「学ぶ権利」の教育を「人間形成」の教育、「教育を受ける権利」の教育を「人材育成」の教育と表現して、両者の教育目的の違いを明確に画した。

ただし、歴史の過渡期にある現行の教育法制下でも、子ども・国民は、自然法的で人間的な権利である「学ぶ権利」の保障をこそ、至極正当な要求として請求していくべきである。

第8は、「学ぶ権利」の憲法上の根拠規定は、主に憲法13条（幸福追求権）、憲法23条（学問の自由）及び憲法26条（教育を受ける権利・義務教育）であると主張した。もっとも、憲法13条、特に憲法23条（学問の自由）の解釈において市民権を得るためには、さらなる憲法学的教育法学的に緻密な理論化が求められる。筆者としては、賛同者と協力者とを求める次第である。

第9は、歴史の過渡期にある現行の教育法制下では、子ども・国民は、憲法26条の「教育を受ける権利」「教育の機会均等」等を可能な限り主体的・自律的に享受すべきであると主張した。このことは、国が憲法26条の「教育を受ける権利」規定に基づいて提供する教育を、一定程度であるが、「学ぶ権利」を保障するものとして享受することであって、安易に放棄したり拒否したりしてはならないということであった。この場合も、「学ぶ権利」がめざす目的は明確であるので、その目的に向かって教育内容と価値とを要求していくことは、可能であると考える。

第10は、「学ぶ権利」が保障される体制の構築は、「人類の多年にわたる自由獲得の努力の成果」（憲法97条）である議会制民主主義の政治や制度を通して、つまり、順法精神に則り、平和的手続きによって実現するのが人道的であり、近道であるということである。もっとも、そのゴールへの道は、価値実現の道でもあるところから、想定外の抵抗も予測され、時間もエネルギーも費すであろうが、その過程をも「学ぶ権利」の過程であると考えれば、不安や迷いも少なくなるのではないかと考える。

2 残された課題

つぎは、日本における子どもの「学ぶ権利」確立のための課題とは何かということである。多々あるが、本書で触れることができなかった項目をも含めて、以下に整理しておきたい。

子どもの「学ぶ権利」を保障する体制の構築は、現行の「教育を受ける権利」の体制を止揚克服していくことを意味する。自然権に由来し、人格主義の人間の永久的普遍的要素が主張する「学ぶ権利」論は、明らかに現行の国家（公権力）に対する対決思想としての性格を濃厚に有しているからである。それは、大なり小なり、現行の国家と社会の改善と改革とを要求することになるからである。

別言すれば、子どもの「学ぶ権利」の体制を実現するためには、それを承認するところの社会体制とデモクラシーの政治体制の実現とが必要条件になるということである。つまり、①「学ぶ権利」

（保障）の体制の確立、②国民が社会的政治的運命の主人公となる社会体制の確立、③国民が社会的政治的運命の主人公となるデモクラシーの政治体制の確立の三要素が相互に連携しつつ一体の形で進められるとき、①〜③のすべてが実現する可能性があると思われることである。

このためには、以下のような課題が考えられる。

第1は、自然法（人格主義の目標である「人格の完成」の要求）に基づく子どもの「学ぶ権利」の理論化と体系化を図るとともに、その権利を要求し、かつ実践していくことである。

そのためには、最低でもつぎの2つの作業が求められる。

その1は、子どもの「学ぶ権利」の目標・目的とカリキュラムを明確にしておく必要があろう。

本書では、人格主義の視点から、「人格の完成」という目標をめざす手段として「学ぶ権利」を位置づけ、その人間形成の諸要素について論じたが、それはあくまでも1つのパターンにすぎない。大切なことは、多数の研究者の参加、より根本的には、多数の国民の参加によって活発に議論され、精錬されていくことが望まれる。

その2は、「学ぶ権利」実現のカリキュラムを編成することが急がれなければならないであろう。「学ぶ権利」実現を要求していくためには、要求者自身が求める具体的で明確な学習の「内容」を持っていなければならない。この作業も、その1と同じく、多数の人々、具体的には、教育学、法学、心理学、歴史学、社会学、医学その他の分野の志を共有する専門家たちの協働が不可欠である。

第2は、「学ぶ権利」の主たる憲法的根拠条項をさらに精緻化する必要があることである。

筆者は「学ぶ権利」の主たる憲法的根拠条項を憲法13条と23条、それに26条に求めたが、これで十分であるという自信はない。筆者は主たる条項として3ヵ条を挙げたが、所詮、一教育研究者の見解である。憲法や教育法等の専門家のご教示を仰ぎたいものである。

第3は、憲法26条の国民の「教育を受ける権利」条項への対応は、前の主張の第9で述べたが、現実的には非常に微妙で、難しい問題である。筆者は、是々非々で対応していくことが現実的な策と考えたが、なお今後の課題でもある。以下に、その理由を挙げよう（すべての指摘には、いずれも反面があることは言うまでもない）。

その1は、日本の教育は、多くの問題を含みながらも、世界的にみて、質・量ともに充実発展してきているということである。

その2は、国民の絶対多数は、教育熱心で、日本の教育と学校を信頼し、就学率、進学率も上昇しているということである。

その3は、国の教育行政も、ある程度、国民（庶民）の教育要求に応えているということである。

その4は、したがって、子ども・国民の「学ぶ権利」の実現という目標を堅持しながらも、当面は、現行の公教育制度下における「教育を受ける権利」を享受するのがよいと考えられることである。

多くの問題点と矛盾とをもった現行の公教育制度ではあるが、当面は、その教育と教育制度とを安易に拒否するのではなく、その「教育を受ける」なかで、真実と事実と高貴な人権と高い芸術文化とを要求していくという活動を誠実に実行していくならば、それは、十分ではないが、ある程度は主体的・自律的な「学ぶ権利」の行使とその学習活動とにつながる可能性があるかもしれないということである。

第4は、多くの国民に「学ぶ権利」の意味を浸透させ、その実現への賛同と協力とを得ることである。要するに、多くの理解者と賛同者とを得るということである。

その1は、体制のイデオロギーの影響をたっぷり受けている国民に「学ぶ権利」の意味を説く努力を粘り強く継続しなければならないということである。「幸福に生きるために学ぶ」および「人間らしい人間に成長し発達するために学ぶ」という「学ぶ権利」は、人間の願いの核心を説く主張として広く国民に承認されると信じたい。

その2は、原則として、「議会制民主主義」の制度を通して、言い換えれば、平和的な方法を通じて、「デモクラシーの政治体制」を樹立することが最適の方法ではないかという主張は、よき社会を求める主権者国民には広く理解を得ることができると考える。

筆者は、今日の多くの賢明な国民は、高潔で政治的指導力のある政治家を選ぶ力量と、忖度官僚ではなく、常に国民全体のために考え働く官僚を選ぶ力量とを有していると信じているが、国民が今後もこの種の力量を身につけることの重要性を機会あるごとに力説していかなければならないであろう。

その3は、子どもたちが学ぶ過程で適切な支援と指導とを行うのが教育専門家である教師であるが、教師にはその職責を十全に果たすために大幅な「教授の自由」が保障されるべきであると、関係当局に訴えていく必要がある（これについては、第3章で論じた）。筆者の周辺にも、親しい教員たちが多数いるが、彼らは日常、「教授の自由」など考える余裕などないという。多忙に追われる毎日だという意味である。だからこそ、「教授の自由」の保障が必要なのである。

その他、さまざまな問題や課題が考えられるが、ここでは、以上にとどめておきたい。

最後に、つぎの言葉を述べて、本書の結びとしたい。

すべての子ども・国民は、「学ぶ権利」の充足を通して「人格の完成」した人間（＝人間らしい人間）

に成長していく権利を有している。「人格の完成」をめざして「学ぶ権利」を行使していく人間こそが、自と他の幸福を実現し、民主主義に満ちた、かつ経済的に繁栄した健全な社会と国家とを建設することができるのだ、と。

あとがき

かなり前に『子どもの幸福と教育』（泰流選書）という著書を上梓したことがある。同書は、「子どもの幸福とはなにか」から出発して、それでは「教育はどうあればよいか」を論じた内容であった。あれから40年以上も経つのに、今回も相変わらず「子どもの学ぶ権利」についての著書である。

相変わらずと書いたが、私にとって「子どもの幸福とはなにか」は相変わらずの問いであり、今回は、それに対する答えとして、人格主義の立場から、「子どもの学ぶ権利」の充実を通して「人格の完成」へという道筋と内容とを提示したつもりである。

それは、子どもが「学ぶ」にしても、何のために、何を、どう学ぶのかを考えなければならないということである。また、そのためには、至高の目的である「人格の完成」した人間像を明確にしておかなければならないということである。こうした子どもの「人間形成」に資する教育であれば、私たちは歓迎もし、奨励もしなければならない。

しかし、公教育（国・政府が管理運営する学校の教育）は、教育の歴史が示しているように、「人材育成」の教育であり、政府や企業に奉仕する人間の育成をめざしていると言わざるを得ない。公教育の主眼は、子ども・国民の管理統制にあるということである。この公教育体制下では、子どもは選別され、立身出世を競って苦しみ、教師は「教育の自由」を制限され、過労死に近い労働を強いられ、親は過大な教育費負担に呻吟《しんぎん》しているのである。

いまこそ、子ども、教師、親、国民が、「公教育」のあり方を考えることを通して、それぞれの「幸福とはなにか」を吟味してみる必要があるのではなかろうか。

例えば、どこまで行っても完全に清算することの困難な立身出世主義であるとしても、せめて少しでも上品な立身出世主義に生きるように努めることは不可能ではないであろう。それと同じように、「幸福追求」の正道として、国民一人ひとりの「学ぶ権利」の充実を通して「人格の完成」へという道を歩むことも不可能ではないであろうと思う。

本書の執筆と出版とに当たって、多くの人々や図書館等とにお世話になった。

まず、本書のテーマに関して基調講演の機会を与えてくださった日本保育ソーシャルワーク学会（2019年9月14日―15日、第6回三重大会）に感謝したい。

つぎに、堀尾輝久氏には『人権としての教育』その他の贈呈を受けたほか、数回の電話でご助言と励ましとを受ける機会を得た。感謝しお礼を申し上げたい。

今回は、三橋允子氏（日展会友）が筆者の要望に応えて、本書の表紙カバー装丁に2022年度の日展入選作品の使用を快諾して下さった。心からお礼を申し上げたい。

今回もまた、我那覇繁子先生（大阪府立高津高校教諭）には、メールを通じて何回も拙文の添削の労を煩わした。心からの感謝とお礼とを表したい。

最後になったが、出版事情の厳しいなか、本書の出版を快諾された晃洋書房と萩原淳平社長、編集でお世話になった丸井清泰氏、校正の労をとってくださった徳重伸氏に心よりお礼を申し上げたい。

2023年3月6日

中谷　彪

中谷彪　主要著（単著のみ）・訳書（共訳を含む）

『国民の教育の自由』（泰流社，1974年）.
『教育権の研究』（タイムス，1977年）.
『増補・教育権の研究』（タイムス，1979年）.
『子どもの教育・親の教育』（泰流選書，1980年）.
『幼稚園の制度と歴史』（家政教育社，1982年）.
『学校経営の本質と構造』（泰流社，1983年，1989年）.
『教育基本法と教員政策』（明治図書，1984年）.
『資料・教育基本法の成立過程』（タイムス，1985年）.
『子どもの幸福と教育』（泰流選書，1986年）.
『教育基本法と教育行政の理論』（明治図書，1987年）.
『増補・国民の教育の自由』（泰流社，1987年）.
『アメリカ教育行政学研究序説』（泰流社，1988年）.
『風土と教育――アメリカと日本の教育文化』（教育開発研究所，1991年）.
『風土と学校文化――学校文化経営学』（北樹出版，1994年）.
『風土と教育文化――アメリカと日本の教育風土』（北樹出版，1994年）.
『現代学校教育論――人格の完成と生き甲斐の追求』（渓水社，1997年）.
『アメリカ教育行政学――ニューロンとカウンツ』（渓水社，1998年）.
『現代教育思想としての塩尻公明――人格主義の教育論』（大学教育出版，1999年）.
『日本的学校経営学――「日暮硯」に学ぶ学校経営の真髄』（北樹出版，2000年）.
『子育てと自己啓発』（教育ブックレット No. 12，タイムス，2000年）.
『教育基本法の教育理念』（教育ブックレット No. 13，タイムス，2000年）.
『個性輝く教員養成大学の創造』（教育ブックレット No. 14，タイムス，2002年）.
『教育基本法の世界――その精神と改正論批判』（渓水社，2003年）.
『教育風土学――牧畜肉食文化と稲作農耕文化の教育問題』（晃洋書房，2005年）.
『1930年代アメリカ教育行政学研究――ニューディール期民主的教育行政学の位相』（晃洋書房，2005年）.
『子育て文化のフロンティア――伝えておきたい子育ての知恵』（晃洋書房，2006年）.
『信頼と合意の教育的リーダーシップ――「日暮硯」に学ぶ学校経営の真髄』（晃洋書房，2008年）.

『子どもの教育と親・教師』（晃洋書房，2008年）．

『人間尊重主義の学校経営――「日暮硯」に学ぶ学校経営の思想』（東京教育研究所，2011年）．

『ガンバレ！先生・教育委員会!!――国民に直接責任を負う教育のために』（晃洋書房，2011年）．

『塩尻公明――求道者・学者の生涯と思想』（大学教育出版，2012年）．

『受取るの一手――塩尻公明評伝』（大学教育出版，2013年）．

『塩尻公明評伝――旧制一高教授を断った学究的教育者』（桜美林大学北東アジア総合研究所，2013年）．

『塩尻公明と河合栄治郎――他力と自力の人間学』（大学教育出版，2013年）．

『塩尻公明と戦没学徒 木村久夫――「或る遺書について」の考察』（大学教育出版，2014年）．

『「きけ わだつみのこえ」――木村久夫遺稿の真実』（桜美林大学北東アジア総合研究所，2015年）．

『木村久夫遺稿の研究――「きけ わだつみのこえ」遺稿の編集者は，恩師か父か』（桜美林大学北東アジア総合研究所，2015年）．

『戦没学徒 木村久夫の遺書――父よ嘆くな，母よ許せよ，私も泣かぬ』（桜美林大学北東アジア総合研究所，2016年）．

『現代に生きる塩尻公明と木村久夫――真に生甲斐のある人生とは何か』（アジア・ユーラシア総合研究所，2018年）．

『河合榮治郎から塩尻公明への手紙――師弟関係の真髄』（アジア・ユーラシア総合研究所，2018年）．
J. H. ニューロン『社会政策と教育行政』（高木太郎と共訳，明治図書，1976年）．
J. H. ニューロン『デモクラシーのための教育』（明治図書，1980年）．
G. S. カウンツ『地域社会と教育――教育委員会の社会的構成』（中尾直子・野崎隆久・三浦一朗と共訳，明治図書，1981年）．
H. W. スワート『シュルツ伝記――アメリカ最初の幼稚園』（田中敏隆と共編訳，学苑社，1981年）．
N. C. バンデウォーカー『アメリカ幼稚園発達史』（監訳，教育開発研究所，1987年）．
G. S. カウンツ『アメリカ民主主義と教育』（伊藤良高・藤本典裕と共訳，明治図書，1987年）．

R. E. キャラハン『教育と能率の崇拝』(中谷愛と共訳，教育開発研究所，1996年).
L. A. クレミン『アメリカ教育史考―― E. P. カバリーの教育史の評価』(中谷愛と共訳，晃洋書房，2005年).
G. S. カウンツ『シカゴにおける学校と社会』(伊藤良高・藤本典裕・佐伯知美と共訳，大学教育出版，2006年).
R. E. キャラハン『アメリカの教育委員会と教育長』(中谷愛と共訳，晃洋書房，2007年).
F. W. テイラー『科学的管理法の諸原理』(中谷愛・中谷謙と共訳，晃洋書房，2009年).
L. A. クレミン『アメリカ教育の真髄』(岡田愛と共訳，晃洋書房，2021年).
D. B. タイアック『アメリカ都市教育史―― The One Best System』(岡田愛と共訳，晃洋書房，2022年) 他.

人名索引

〈ま・や行〉

〈ら・わ行〉

事項索引

〈さ　行〉

〈た　行〉

〈な　行〉

〈は　行〉

〈ま　行〉

〈ら　行〉

《著者紹介》

中谷　彪（なかたに　かおる）

1943年　大阪府に生まれる
1966年　神戸大学教育学部教育学科卒業
1968年　東京大学大学院教育学研究科修士課程修了（教育学修士）
1972年　東京大学大学院教育学研究科博士課程単位取得退学
1979年　イリノイ大学，ウイスコンシン大学客員研究員
1988～89年　トリニティ大学・文部省（文科省）在外研究員
専攻　教育学・教育行政学
職歴　大阪教育大学講師，助教授，教授，学長を経て退官．武庫川女子大学教授等を歴任
現在　大阪教育大学名誉教授，博士（文学）大阪市立大学

学ぶ権利と学習する権利
——人格主義の国民教育権論——

2023年6月20日　初版第1刷発行　　＊定価はカバーに表示してあります

著　者　中　谷　　彪©
発行者　萩　原　淳　平
印刷者　江　戸　孝　典

発行所　株式会社　晃　洋　書　房
〒615-0026　京都市右京区西院北矢掛町7番地
電話　075(312)0788番㈹
振替口座　01040-6-32280

装丁　尾崎閑也　　印刷・製本　共同印刷工業㈱
ISBN978-4-7710-3756-4